www.ingramcontent.com/pod-product-compliance
Lightning Source LLC
LaVergne TN
LVHW091304150826
845673LV00006B/1533

* 9 7 8 9 9 4 8 8 0 0 0 8 8 *

بلاغة المعنى

في الشعر العربي القديم

د. يوسف الفهري

بلاغة المعنى

في الشعر العربي القديم

إصدارات دائرة الثقافة، حكومة الشارقة 2023 م

الناشر: دائرة الثقافة - حكومة الشارقة - الإمارات العربية المتحدة

الهاتف: 5123333 6 971+

البرَّاق: 5123303 6 971+

الموقع الإليكتروني: www.sdc.gov.ae

البريد الإليكتروني: sdc@sdc.gov.ae

الطبعة الأولى 2023

تصميم الغلاف: منال السويدي

811.1

ف ي . ب

الفهري، يوسف

بلاغة المعنى في الشعر العربي القديم / يوسف الفهري.- الشارقة، الإمارات العربية المتحدة : دائرة الثقافة، 2023.

240 ص؛ 21X14 سم.

يشتمل على إرجاعات ببليوجرافية

1 – الشعر العربي – تاريخ ونقد – العصر الجاهلي

2 – البلاغة العربية

أ – العنوان

ISBN: 9789948800088

إهداء

إلى طلبتي الأعزاء

تمهيد

لا يمكن تجاهل قيمة القراءات المقدّمة للنصوص الإبداعية، في ضوء المناهج الأدبية، وهي عملية نقدية تكشف جوانب خفية أو مظلمة من النصّ، قد لا ينتبه إليها القارئ أو تستعصي عليه. ويمكن للمقاربات المتناوِلة للنصوص تقديم معرفة جديدة، وتمرير إحساس بمتعة الإبداع، فهي بذلك تحاور القرّاء وتوجّه قراءتهم، حتّى في الجزء المجهول من المقروء، الذي تميط اللثام عن معانيه وجماله، أو حتّى قبحه. والبحث عن المعنى – موضوع هذه الدراسة – من الإشكالات العويصة في الفكر الإنساني، والتفكير البلاغي تحديداً؛ لذا حدّد صاحبُ كتاب فلسفة البلاغة موضوعَها في «دراسة لحالات سوء الفهم وطرق معالجتها»[1]، أو كما حدّدها المقفع (ت 143هـ) تحديداً قريباً إلى «إمبراطورية البلاغة» لدى بريلمان Chaïm Perelman[2]؛ بأنها «اسم لمعانٍ تجري في وجوه كثيرة؛ فمنها ما يكون في السّكوت، ومنها ما يكون في الاستماع، ومنها ما يكون في الإشارة، ومنها ما يكون شعراً، ومنها ما يكون سجعاً، ومنها ما يكون ابتداءً، ومنها ما يكون جواباً، ومنها ما يكون في الحديث، ومنها ما يكون في الاحتجاج، ومنها ما يكون خطباً، ومنها ما يكون رسائل؛ فعامة هذه الأبواب الوحي فيها والإشارة إلى المعنى، والإيجاز هو البلاغة»[3]، ليبقى المعنى عند جلّ البلاغيين أعزَّ ما يطلب، ومدار البلاغة.

ويمكن القول، إنّ النصَّ محيِّر لمبدِعه، وبمجرّد إخراجه من الوجود بالقوة إلى الوجود بالفعل، أو بمجرد ما يمتلكه المتلقي / القارئ، يدخل غمار الفهم والتأويل، بعد حيرة البحث عن المعنى، خاصة عندما يبتعد خالقُه ومبدعُه عنه، وتصبح المسافة الفاصلة بينهما مغيِّبة للمبدع، ليُترك القارئ وحدَه يَخْتلي بالنص المبدَع، في عزلة كشرط للقراءة المبدِعة، وهو ما لا يتسنى للجميع، وبالتالي لم يعد بالإمكان الاكتفاء بدارة التواصل الأساس: المرسِل والمرسَل إليه، ليتدخّل وسيط بينهما، يعيد إنتاج خطاب المتكلم، وينوب عنه في إبلاغ ما ينبغي أن يقوم به من خلال خطابه، باعتباره متلقياً ضمنياً ومفترضاً، شبيه بتأويل الرؤيا والمنامات، التي تحتاج إلى تفسير وتأويل. فالعلاقة بين النص والمتلقي غالباً ما تكون في الإبداع مُلتبسة، إلى حدّ البحث عن الوسيط/الشارح أو المؤوّل، كما في سورة يوسف، فرؤيا يوسف لسجود الشمس والقمر له، احتاجت إلى مؤوّل بالنسبة للصبي، وإذا كان زكرياء، نظراً لمقامه، باعتباره مؤوّلاً، لم يلجأ إلى مؤوّل، فإن العزيز احتاج إلى مؤوّل، كوسيط بينه وبين النصّ/ الرؤيا، وقد ورد في موافقات الشاطبي، أن «المفتي قائم في الأمة مقام النبي صلى الله عليه وسلّم» فالنصّ – الديني خاصة – يتطلّب وسيطاً متمكّناً من آليات القراءة والتفسير والتأويل، بعدما كان الرسول (ص) يقوم بهذا الدور لتلقيه الوحي «ولا ينطق عن الهوى». واستشهاد الشاطبي بما جاء في الصحيح: «بينما أنا نائم أُتيتُ بقدَح من لبن فشربتُ، حتّى إنّي لأرى الرّيَّ يخرج من أظفاري، ثمّ أعطيت فضلي عمرَ بن الخطاب» قالوا فما أوّلته يا رسول الله؟ قال: العلم. وهو في معنى الميراث»(4). يدلّ على أن النصّ ملتبس

المعنى، والمنامات شبيهة بالإبداع؛ وكأنها نصوص خارج الوعي، وغالباً ما لا تقدّم معناها إلا متوارياً مختفياً. وتنزيل القدماء المفتي منزلة النبي، في جانب قراءة النص الديني، يدخله التأويليات، من خلال فعل الاستنباط، فالمفتي كما يقول الشاطبي، «شارع من وجه، لأن ما يبلّغه من الشريعة؛ إما منقول عن صاحبها، وإما مستنبط من المنقول؛ فالأول يكون فيه مبلغاً، والثاني يكون فيه قائماً مقامه في إنشاء الأحكام..»[5]. إنّ هذا المقام الذي ينزَّل فيه المفتي، والذي بالنسبة لسياق دراستنا، الناقد/ القارئ النموذجي يكشف عن أنّ النفاذ إلى المعاني الدقيقة للنصّ، هو كشف عن غامض ومجهول، إلّا أن النصّ بالنسبة إلينا، له حياة مثل القارئ، ويموت معه، ليولَد نصّ آخر متحوّر عنه بفعل القراءة المرتبطة والمتفاعلة بالقارئ والمتلقي والسياق الجديد، قد يحتفظ بنفس المعاني أو تتولّد معانٍ أخرى، بحسب طاقات النصّ الكامنة داخله. وقد «توزعت مباحث المعنى بين عدة جهات من بينها تفسير النص القرآني، فالباحث يجب أن يسأل نفسه كيف تصور مفسرو القرآن معنى النص؟ إن أبرز ما نعلمه من شؤون الإجابة عن هذا السؤال هو أن هناك متصوفين ومتشيعين ومعتزلة وأهل السنة، وكل يجد في النص المقدس ما يريد. ومع ذلك فلدينا السؤال الباقي، ذلك أن كثيراً من الآيات يفتح السبيل أمامنا لمعرفة الحدود التي ينبغي أن يتوقف عندها التأويل، ومن أجل استيضاح مسألة المعنى أخذ الباحثون المتقدمون يدرسون أصول الفهم في مناطق كثيرة منها النحو وأصول الفقه ومبادئ تفسير القرآن، بالإضافة إلى البلاغة والنقد الأدبي، ففي أصول الفقه والبلاغة – خاصة – درست مسائل الدلالات...»[6].

وتُشكّل البلاغة أهمّ مدخل إلى المعنى، سواء على مستوى إنتاجه، أو على مستوى تقبّله / تلقيه، وهو ما يستشفّ من تحديدها عند البلاغيين، من خلال الاحتراز من الخطأ، بحسب علومها الثلاثة: المعاني، البيان، البديع.

هكذا أصبح الفهم والتحليل والتركيب، والتشريح والنقد والمقاربة، والقراءة، والتأويل، والتّلقي والمحاورة، والشرح والتوضيح والتفسير، وغيرها من المفاهيم المرتبطة بتقديم النص عبْر وسيط / قناة (قارئ / مفسر/ ناقد) يصل المتكلم بالمخاطب بلْ بالنّص، ويقلّص الهوة بينهما، متوسلاً بالمنهج كوسيلة وأداة إجرائية للمقاربة، ومتسلحاً بكفايات تؤهله دخول غمار القراءة بمستوياتها المتعددة، قد تتحوّل إلى مغامرة محفوفة بمخاطر الانزلاق والانحراف، بدرجات انحراف وانزلاق النص؛ ما دام النص، في كثير من الأحيان، نسيجاً غير مستوٍ وفيه نتوءات وانحرافات وبياضات وضبابية وغموض، أو ممتنع، وما دام المتلقي لا يقرأ من فراغ، وتعترض النص نصوص أخرى مشابهة ومغايرة، خاصة عندما لا يتحقق فصل الذات العارفة عن موضوع المعرفة، أو عندما يشكّل النصُّ سلطةً رمزيةً، فيصعب نفيُه أو إلغاؤه نظراً لمعياريته أو لرمزيته أو لقدسيته، وعندما نواجه نصاً إبداعياً فالإشكال مزاوَج بين المعنى والمبنى، وتوازي بلاغة الإقناع بلاغة الإمتاع، وسؤال المعنى لا ينفصل عن سؤال المبنى، والجمالية تصبح جزءاً من الإقناع والتأثير، ويصبح الحجاج مضمّناً في خطاب إبداعي، يوازي بين العقل والوجدان، والواقع والخيال، لاسيما إذا كان النص نصاً شعرياً، فإنّ مستويات ودرجات الانحراف والعدول

تكثر وتتوسع وتتعمق. فالشعر نص بلاغي بامتياز يحاول في أغلب الأحيان الانفلات من عقال النص الحرفي والكلام غير الأدبي وغير الشاعري، وارتباط البلاغة بالشعر هو ارتباط بمستويات الخطاب الأدبي؛ الذي يرتقي به إلى مفهوم الإبداع، كما هو الشأن في الإعجاز في القرآن، والبلاغة في الأدب، شعراً ونثراً. وارتباط الخطاب بالمعنى، يفضي إلى اعتباره مساقاً للتحليل والقراءة، وعدم فصله عن بلاغة الإقناع والإمتاع؛ لاسيما أن ارتباط البلاغة بالمعنى بات تحديداً لأهم مكون فيها، كما في إشارة أبي هلال العسكري (ت 395 هـ): «البلاغة من قولهم: بلغت الغاية إذا انتهيت إليها وبلّغتها غيري، ومبلغ الشيء منتهاه. والمبالغة في الشيء الانتهاء إلى غايته. فسميت البلاغة بلاغة؛ لأنها تنهي المعنى إلى قلب السامع فيهمه، ويقال: أبلغت في الكلام، إذا أتيت بالبلاغة فيه، كأنك تضيف إليه ما لم يكن منه، وما يمكن أن ينزع في آخر المطاف»[7]، والبلاغة «من صفة الكلام لا من صفة المتكلم... وتسميتنا للمتكلم بأنه بليغ توسع، وحقيقته أن كلامه بليغ»[8] ونبّه عبد القاهر الجرجاني إلى مزالق الفصل بين اللفظ والمعنى، «لا معنى لهذه العبارات وسائر ما يجري مجراها مما يفرد فيه للفظ بالنعت والصفة، وينسب فيه الفضل والمزية إليه دون المعنى غير وصف الكلام بحسن الدلالة، وتمامها فيما كانت دلالة، ثم تبرجها في صورة هي أبهى وأزين، وآنق وأعجب، وأحق بأن تستولي على هوى النفس، وتنال الحظ الأوفر من ميل القلوب... ولا جهة لاستعمال هذه الخصال غير أن يؤتى المعنى من الجهة التي هي أصح لتأديته، ويختار له اللفظ الذي هو أخص به، وأكشف عنه، وأتم له، وأحرى بأن يكسبه نبلاً، ويظهر فيه مزية»[9].

وأوهام تأسيس البلاغة على اللفظ بعد قراءة قول الجاحظ خارج السياق الشمولي لتصوره العام في مشروعه، خاصة من خلال كتابي «الحيوان» و«البيان والتبيين»، ونقصد قولته المشهورة التي يكاد لا يخلو كتاب نقدي منها: «والمعاني مطروحة في الطريق يعرفها العجمي والعربي والبدوي والقروي، وإنما الشأن في إقامة الوزن، وتخير اللفظ وسهولة المخرج، وكثرة الماء، وفي صحة الطبع وجودة السبك، فإنّما الشعر صناعة وضرب من النّسج، وجنْس من التصوير»[10]. فقد أولى الجاحظ أهمية للفظ والصياغة، لكنّه لم يلغِ أهمية المعنى، ولم يقصد اللفظ العاري منه، وردّ ابن الأثير على من سَيعْترضُ على فصله بين اللفظ والمعنى، عندما خصّ الفصاحة باللفظ، بقوله: «وليس لقائل هاهنا أن يقول: لا لفظ إلّا بمعنى، فكيف فصلتَ أنتَ بين اللفظ والمعنى؟ فإنّي لمْ أفصلْ بينهما، وإنما خصَصْتُ اللفظ بصفة هي له، والمعنى يجيء فيه ضِمنياً وتَبعاً»[11]. وأعاد صاحب «دلائل الإعجاز» المعنى إلى التحليل البلاغي، وربطه بملازمه اللفظ، فهو يرى أنْ «لا معنى لهذه العبارات، وسائر ما يجري مجراها، ممّا يُفرد فيه للفظ بالنعت والصفة، ويُنسب فيه الفضلُ والمزيةُ إليه دون المعنى غير وصف الكلام بحسن الدِّلالة، وتمامها فيما كانت دلالة، ثم تبرجها في صورة هي أبهى وأزين، وآنق وأعجب، وأحقّ بأن تستوليَ على هوى النفس، وتنال الحظ الأوفر من ميل القلوب... ولا جهة لاستعمال هذه الخصال غير أنْ يُؤتى المعنى من الجهة التي هي أصح لتأديته، ويختار له اللفظ الذي هو أخص به، وأكشف عنه، وأتم له، وأحرى بأن يكسبه نبلاً، ويظهر فيه مزية»[12]. لا يحدد الجرجاني مفهوم البلاغة إلّا في إطار سياق

اللفظ والمعنى، أو مفهوم النظم، فالكلام ينبغي أن يكون شديد الدلالة على المعنى، وبذلك فإن تَخيُّرَ اللفظ المناسب للمعنى والمؤدي له هو البلاغة، بل إن الفصل المعنون بـ: «في تحقيق القول على البلاغة والفصاحة والبيان والبراعة وكل ما شاكل ذلك» يكشف هذا التوليف بين المباحث، التداخل بين مصطلحات الدراسة الأسلوبية: البلاغة والفصاحة والبيان والبراعة. وفي ضوئِها يمكن فهم النّسق المحدّد لكل مفهوم على حدة، بل إنه تحدّث عن الفصاحة بنفس الرؤية، خاصة وأن ارتباطها باللفظ بدا واضحاً أو مسلّماً به عند البلاغيين، ومنهم ابن سنان الخفاجي، في كتابه «سرّ الفصاحة»[13]، حيث مردّ الفصاحة عند الجرجاني إلى المعنى «وليس للكلمة المفردة كبير قيمة، وكثيراً ما تستعمل اللفظة في موضع فتكون حلوة الجرس عذبة، وتستعمل في موضع آخر فتفقد تلك المزية، وإنّما كان ذلك؛ لأن المزية التي من أجلها تصف اللفظ في شأننا هذا بأنه فصيح مزية تحدث بعد أن لا تكون وتظهر في العلم من بعد أن يدخلها النظم، وهذا شيء إن أنت طلبته فيها جئت إفراداً لم ترمِ فيها نَظماً ولم تحدث لها تأليفاً طلبت محالاً، وإذا كان ذلك كذلك وجب أن تعلم قَطْعاً أن تلك المزيّة في المعنى دون اللفظ»[14]. وينتهي الجرجاني، وفق منطق واضح، إلى أن «المفردة لوْ حسنت من حيث هي لفظ واستحقت المزية والشرف، لاستحقت ذلك في ذاتها دون مجاورتها للألفاظ الأخرى في النظم، ولَمَا اختلفت بها الحال، ولكانت إمّا أنْ تحسن أبداً أو لا تحسن أبداً»؛ وهو بذلك يجيب - ضمنياً - على من سيعترض على نقد، ينفي بلاغة أو فصاحة إبداع ما، بدعوى أن اللفظة موجودة في القرآن، ومزيتها بائنة للعيان، فالمسألة مختلفة

باختلاف النظم، بالمفهوم الجرجاني، بل إن عبد القاهر الجرجاني صحّح التصور البلاغي لبعض المحسنات البديعية، التي اعتُبرت محسنات لفظية، فعند وقوفه على التجنيس يرى أنك «لا تستحسن تجانس اللفظتين إلا إذا كان وقع معنييهما من العقل موقعاً حميداً، ولم يكن مرمى الجامع بينهما مرمى بعيداً، أتَراكَ اسْتضعفتَ تجنيس أبي تمام في قوله: [من الكامل]

ذَهَبَتْ بِمَذْهَبِهِ السّمَاحَةُ فالْتَوَتْ

فِيهِ الظّنونُ: أمذهبٌ أمْ مُذهبُ

واستحسنت تجنيس القائل: [من الرجز]

حتّى نَجا مِنْ خَوْفِه ومَا نَجَا

وقول المحدَث: [من الخفيف]

نَاظِرَاه فِيمَا جَنَى نَاظِرَاهُ

أَوْ دَعَانِي أمُتْ بِمَا أوْدَعَانِي

لأمر يرجع إلى «اللفظ؟ أم لأنك رأيتَ الفائدة ضعُفت عن الأول وقويت في الثاني؟ ورأيتَك لم يزدك «بمَذهبِ ومُذهبِ» على أنْ أسْمعك حروفاً مكررة، تروم فائدة، فلا تجدها إلا مجهولة منكرة، ورأيتَ الآخر قد أعاد عليك اللفظةَ كأنه يخدعك عن الفائدة وقد أعطاها، ويوهمك كأنه لم يزدك وقد أحسن الزيادة ووفّاها، فبهذه السريرة صار «التجنيس» – وخصوصاً المستوفى منه المتفقَ في الصورة – من حُلى الشعر، ومذكوراً في أقسام البديع.

فقد تبيّن لك أنّ ما يُعْطى «التجنيس» من الفضيلة، أمرٌ لم يتم إلا بنصْرة المعنى، إذْ لو كان باللفظ وحده لما كان فيه مستحسنٌ، ولَمَا وُجد فيه معيبٌ مُستهجن، ولذلك ذُمّ منه الاستكثار منه والولوع به.

وذلك أن المعاني لا تدين في كل موضع لمّا يجذبها التجنيس إليه، إذ الألفاظ خدمُ المعاني والمصرّفة في حكمها، وكانت المعاني هي المالكة سياستها...»[15].

وهنا يتّضح لنا أنّ عبد القاهر يُعيد ترتيب الثنائية، وَفْق تصوّر منهجي ونظري، منسجم مع مبادئ التحليل المنطلق من تصوّرات غير منفصلة بين التفكير العقدي والتفكير الأدبي والتفكير البلاغي، بحيث يستطيع أن يجانس بين قراءات متعددة للخطابات، في ضوء نظرية المعنى، التي يقدّمها الجرجاني، حتى في مجال البديع، باعتباره محسِّناً، خاصة المحسنات اللفظية، لكن هذا المبحث البلاغي ربما لم يُقرأ بعيداً عن هذا التشويش، ولو عدنا إلى كتب البلاغة التي نظّرت له، ويعتبر ابن المعتز من خلال كتابه «البديع» أوّل من خصّه بالبحث والدراسة البلاغية والمصطلحية، وذلك «سنة أربع وسبعين ومئتين... وكان جملة ما جمع منها سبعة عشر نوعاً»[16] و«بَلَغَ بها صَفيّ الدّين الحليّ مئة وواحد وخمسين نوعاً من محاسنه»[17]. والمطلع على هذه المصطلحات المحدِّدة لمبحث البديع، يكتشف أن القول بثلاثية البلاغة كما حدّدها، منهجياً، السكاكي، (554 هـ – 626هـ) ومن تقيّله، يصعب رسم حدودها في جلّ المباحث، خاصة مباحث البديع؛ وربّما لهذا السبب أطلق بعض البلاغيين إما البيان أو المعاني أو البديع على البلاغة، في عناوين كتبهم؛ كما نجده في

«التبيان في البيان» للطيبي، وفي «المنزع البديع في تجنيس أساليب البديع» للسجلماسي وغيرهما، وهو ما أشار إليه ابن الأثير في تحديده للبديع بقوله: «والبديع من الشعر ما سبقَ إليه الشاعرُ، ولم يُسبق إلى نظيره أو ما يقرب منه أو ما يدل عليه».

فلذلك سَمَّى علماءُ البيان هذه الأنـواع بأسماء، وأطلقوا لفظة البديع على الجميع نظراً إلى الأصل»[18]. أمّا حضور المعنى في هذا المبحث البلاغي لتتبع بديع القرآن والشعر والخطابات الأخرى، شكّل أساسَ فهْم المبنى البديعيّ. وهذا المبحث لم يُهتم به كثيراً، ربما لأحكام مسكوكة رُوّجت عن مرحلة الانحطاط، المفسَّر – إبداعياً – بالمبالغة في التكلّف، والمُستدلّ عليه بالسجع والجناس والطباق، خاصة، بالرغم من أن تطويرَ مبحث البديع وقراءته في ضوء الدراسات الحديثة، التي نجد ندرة منها اهتمّ بمصطلحات البديع، كالتوازي الصوتي وبعض المفاهيم الجزئية، كان سيقلب وجه البلاغة، التي كاد يحصرها الدرس البلاغي بمدارسنا وجامعاتنا، في البيان والمعاني، والالتفات إلى البديع اقتصر على الإيجاز والإطناب، والجناس والطباق وبعض المصطلحات الأخرى، ولم يتطرق إلى كلّ هذه المصطلحات، (المشار إليها في الهامش) التي تشكّل جهاز مفاهيم بلاغية تتكامل فيما بينها لبناء المنهج البلاغي في التحليل، فعلى سبيل المثال، إذا أخذنا مصطلح «براعة المطلع» والذي تناول فيه صفي الدين الحلي قول الشاعر:

إن جِئتَ سَـلعاً فَسَل عَن جَيرَةِ العَلَمِ

وَاقـرَ السَلامَ عَلى عُـربٍ بِذي سَلَمِ

يعلق عليه بقوله: «أما «براعة المطلع» فهي عبارة عن سهولة اللفظ وصحّةِ السبك، ووضوح المعنى، ورقّة التشبيب، وتجنّب الحشوِ، وتناسب القِسمين، وأن لا يكون البيت متعلّقاً بما بعده، ويسمى أيضاً «حسن الابتداء» وقد فرعوا منه «براعة الاستهلال» في النظم والنثر. وشرطه في النظم أن يكون المطلع دالاً على ما بُنيت القصيدة عليه من غرض الشاعر»[19]. وهو ما يوسّع من إجرائية المفهوم، ليشمل تحليلاً وقراءة بلاغية نقدية، والأهم للمعنى الشعري.

يتبين أن التمثّل الذي تناقله البعض عن هذا المبحث، مجانب للصواب، فهو من المباحث المهمّة في الدراسة الأدبية للخطابات، والشعر خاصة، كما يربط البلاغة بالنقد ربطاً يصعب التمييز بينهما، ليؤكد وحدتهما. فحسن الابتداء من القضايا النقدية التي أولاها النقد القديم أهمية في دراسة بنية القصيدة العربية، إلا أنّ بناء الحكم بالاستحسان ينطوي على معايير، منها وضوح المعنى. وما يهمنا، هنا، حضور المعنى في كل هذه المباحث، وتشكيله قطب الرحى في التحليل في ضوء المناهج المتعددة، بما في ذلك البلاغة.

وهو ما سنحاول في هذه الدراسة معالجته في ضوء إشكالية القراءة أو المقاربة، التي هي خادمة للنص كما ينتجه الناقد / القارئ مدللة للتلقي، القراءة كضوء ينير طريق فهم المعنى وظلاله، ومجهر يحلل أدقّ مكوناته، مركزين على المقاربة البلاغية، في مجاورتها للمناهج الحديثة، وهو نفس المشروع الذي بدأناه في كتابات متعددة، خاصة في كتاب: الخطاب الشعري أو تحليل الخطاب الشعري، الذي قدّم مشروعاً لدراسة الشعر في ضوء مناهج نقدية، وفيه حاولنا

إجلاء المقاربة التراثية التي أخضعت القصيدة للتحليل النقدي الأدبي، وحاولت الإجابة عن تساؤلات مرتبطة بالتراث النقدي العربي خاصة النقد التطبيقي الذي يضع القصيدة تحت مجهر النقد، في محاولة إثارة هيرمونيطيقا النص، باعتبارها «نظرية للتفسير» ولها حضور خفي في التراث النقدي العربي القديم، من خلال النقد التطبيقي / الشروح. وأكدنا أن تلقي الإبداع / الشعري يخضع للرؤية والثقافة، مما يجعل الاستجابة للأثر الفني لا تقاس خارج هذا المعيار، وحتى إذا كانت المعاني «مطروحة في الطريق»، إلا أن الكشف عنها عملية معقدة وتطلبت مجهودات حثيثة لجميع حقول المعرفة لسبر أغوار النص / الإبداعي الدال عل التفرد داخل المشترك، الركوب على أمواج بحر الشعر بحثاً عن الدر المكنون؛ لصياغة أثر فني يبدو خلقاً وإبداعاً متميزاً. ومن المعروف أن قصائد حامت حولها حلقات الدرس، وشرحت بشروح عديدة، بل إن شعراء شكلوا موضوعاً أساساً للدراسة الأدبية، نذكر منهم أبا تمام والبحتري والمتنبي وأبا نواس وأبا العتاهية والبُصيري وغيرهم كثير، وإذا تفحصنا هذه الدراسات النقدية الشارحة لهذه المتون، سنجد بعض الاختلافات في الفهم، ومن طريف ما يُروى «أنّ أَبا نُوَاس مرّ على أديب يفيد الناس بشعره، فلما افتتح قوله:

أَلا فَاسْقِنِي خمْراً وقلْ لِي هِيَ الْخَمْرُ

وَلا تَسـقِني سِـرّاً إذا أَمكَـنَ الجَهرُ

وقف وقال: انظر ما عساه يقول: فقال: أشار الشاعر بقوله، وقل لي هي الخمر، إلى حظّ السمع ليحظى بتمام حسّه.

فتعجّب منه وقال: ما هَجَسَ هذا المعنى في خلدي»[20].

وهو ما يجعل قراءة الشعر ملتبسة، ومنفتحة ومتعددة المعاني والدلالات، مما يدفعنا إلى التسليم بموت المبدع، بعد أن يصبح النص مِلكاً للقارئ، يتلقاه وفق ثقافته والأدوات الإجرائية للقراءة، فإذا كان أبو نواس لم يخطر له، أو لم يقصد، ما انتبه إليه الأديب الشارح لشعره (القارئ النموذجي)، فهذا يعني أن الإبداع ينفتح على قراءات متعددة، وأن مفهوم الخطأ على مستوى فهم أو تأويل المعنى، غير وارد إلا في إطار خلل المنهج وخطأ الأدوات وعدم تدقيق المفاهيم، أو كما أشار ريتشاردز إلى أن «السبب الرئيس في سوء الفهم، كما سنرى، هو «خرافة المعنى الخاص» proper Meaning Superstition؛ أي ذلك الاعتقاد الشائع – الذي تغذيه الكتب المدرسية المتخلفة – بأن للكلمة معنى ثابتاً محدداً (هو مثالياً معنى واحد) مستقلاً عن شروط استعماله، بل إنه يتحكم في الاستعمال...»[21]، والتعامل مع المعنى كما يقترحه الباحث كتعاملنا مع النبات وهو ينمو وليس ككتلة جامدة.

وعلم البلاغة عند العرب وغيرهم، جعل من الشعر والخطابة أو النثر موضوع اشتغاله، ويرى صاحب المنهاج أنه «لما كان علم البلاغة مشتملاً على صناعتي الشعر والخطابة، وكان الشعر والخطابة يشتركان في مادة المعاني ويفترقان بصورتي التخييل والإقناع وكان لكلتيهما أن تخيّل وأن تقنع في شيء من الموجودات الممكن أن يحيط بها علم إنساني، وكان القصد في التخييل والإقناع حمل النفوس على فعل شيء أو اعتقاده أو التخلي عن فعله واعتقاده..»[22]. وما يهمنا هي تلك الإشارة إلى المعنى كمشترك

بين الخطابات – لكن المعنى الشعري فيه تخييل – وهو بذلك يشكل موضوع البلاغة الملتبس، ويؤكد حازم أنه يجب «أن تكون أعرق المعاني في الصناعة الشعرية ما اشتدت علقته بأغراض الإنسان، وكانت دواعي آرائه متوفرة عليه، وكانت نفوس الخاصّة والعامّة قد اشتركت في الفطرة على الميل إليها، أو النفور عنها أو من حصول ذلك إليها بالاعتياد...»[23]، وهو ما يؤكد أن المعنى هو مدار البلاغة، والمعاني الشعرية أخذت من النقاد مساحات كبيرة في كتاباتهم، وتأملاً وتبصراً عميقاً في تنظيراتهم.

والشعر إبداع، وهو بذلك ينفلت من عِقال القواعد والمنطق، وإن كانت هناك مواضعات تحاول لجمه، حتى لا ينزلق إلى ما لا نهاية من الانزياح والعدول والتمرد، أو ما يسميه البعض الفوضى، بالرغم من وعي النقاد، وحتى اللغويين ومنهم الخليل بن أحمد، أن «الشعراء أمراء الكلام يصرفونه أنّى شاؤوا ويجوز لهم ما لا يجوز لغيرهم من إطلاق المعنى وتقييده ومن تصريف اللفظ وتعقيده ومد المقصور وقصر الممدود والجمع بين لغاته والتفريق بين صفاته، واستخراج ما كلّت الألسن عن وصفه ونعته والأذهان عن فهمه وإيضاحه، فيقربون البعيد ويبعدون القريب ويحتج بهم ولا يحتج عليهم ويصورون الباطل في صورة الحق والحق في صورة الباطل»[24]، وهو ما آمن به – ومارسه – بعض الشعراء، خاصة الذين اعتبروا خارجين عن عمود الشعر العربي، أو عن مهيع ونهج القدماء. وما يهمنا في هذا النص، إشارة إلى «إطلاق المعنى وتقييده»، والذي يشكل بالنسبة للبلاغة موضوع اشتغال.

وعلاقة المعنى بالخطاب تتجاوز الارتباط إلى التوحّد به، فلا وجود لخطاب عارٍ من المعنى، لكن علاقته بالشعر، تحديداً، إضافة إلى كونها لزومية، فهي علاقة تكاد تكون أنطولوجية وجودية وجمالية، من دونها يفتقد الشاعر والمتلقي الجدوى من الشعر، بحيث لمّا بدأت القصيدة الحديثة تنأى عن المعنى بدأت بوصلة القراءة العربية تضطرب في تحديد مفهوم الشعر، الذي كان دائماً «ديوان العرب»، ففي معرض إثارة مسألة الشعر والنثر، والتساؤل لماذا يوصي ابن الأثير الكتّاب بحفظ الشعر وليس النثر، فيجيب «إنّ الأشعارَ أكثر، والمعاني أغزر. وسبب ذلك أن العرب الذين هم أصل الفصاحة جلُّ كلامهم شعر، ولا نجد الكلام المنثور في كلامهم إلا يسيراً، ولو كثر فإنه لم يُنقَل عنهم، بل المنقول عنهم هو الشعر. فأودعوا أشعارهم كلّ المعاني، كما قال الله تعالى: {أَلَمْ تَرَ أَنّهمْ فِي كُلّ وَادٍ يَهِيمُون}، ثم جاء الطراز الأول من المخضرمين، فلم يكن لهم إلا الشعر، ثم استمرت الحال على ذلك، فكان الشعر هو الأكثر، والكلام المنثور بالنسبة إليه قطرة من بحر؛ ولهذا صارت المعاني كلُّها مودعة في الأشعار»[25].

وكانت مداخل المعنى كثيرة، انحصرت في بداية الأمر في المستوى اللغوي والتركيبي، ثم تجاوزته إلى البلاغة التي تتبعت مساقه، لكنّ الإشكالَ الذي طُرح مع البلاغة هو أنها زاوجت بين الصرامة العلمية والرحابة الفنية، إن لم نقل المهارة العلمية، فلا يكفي حفظ معاني المصطلحات البلاغية لتحليل النص بلاغياً. وقد يقول قائل لقد استنفد البحث البلاغي ذاته، ولم يترك جانباً أو مسألة إلا وتمّ التطرّق إليها بإسهاب، لكن الأمر ليس بهذه السذاجة، فالبحث البلاغي

غير متناهٍ لكونه يشتغل على اللامتناهي من الخطابات والكلام، والبلاغة مصب علوم عديدة تستوعبها وتغذّيها، فلا ينبغي أن «يظن إنسان أن صناعة البلاغة يتأتّى تحصيلها في الزمن القريب، وهي البحر الذي لم يصل أحد إلى نهايته مع استنفاد الأعمار! وإنما يبلغ الإنسان منها ما قوته أن يبلغه.

ألا ترى أن كثيراً من العلوم قد نفد فيها قوم في أزمنة لا تستغرق إلا جزءاً يسيراً من العمر؟! وهذا أبو الطيب المتنبي، وهو إمام الشعر، لم يستقم شعرُه إلا من مزاولة الصناعة عشرين سنة، ثم زاولها بعد ذلك زمناً طويلاً، وتوفي وهو يصيب فيها ويخطئ، وهذا ليس مختصاً به وحده، بل كل إمام ناظم أو ناثر هذه غايته، إذ كانت هذه الصناعة تتشعب وجوه النظر فيها إلى ما لا يحصى كثرة، فقلما يتأتى تحصيلها بأسرها والعلم بجميع قوانينها لذلك»[26]. وهذا ما تأكد لنا اليوم من خلال تطور الدراسات البلاغية، مع تطور العلوم والأجناس الأدبية، وأصبحت البلاغة مدار بحوث أكاديمية عديدة، على مستوى مواضيع الدكتوراه وملتقيات دولية وكتابات بجميع اللغات. كما يمكن القول إنّ البلاغة بدت وكأنها من دون هوية محدّدة، هويتها النص الذي تشتغل عليه، وما عدا ذلك فهي يونانية فارسية هندية عربية، شرقية غربية وغيرها من الهويات المساهمة في التنظير لها؛ لذا وجد العرب القدامى والغرب حالياً في المرجعية اليونانية ملاذاً لهم لمراجعة المفاهيم البلاغية، وهي قابلة للاستنبات في البيئة الجديدة، وما يساعدها هو الخصائص الإنسانية / العالمية للكلام واللغة والتواصل والإبداع دون وضع قطائع إبستمولوجية، وهو ما نستنتجه من دراسة البلاغة العربية

ذات الأساس الفلسفي، عند حازم القرطاجني أو السجلماسي وغيرهما. ويبقى توصيف هذه الظواهر مختلفاً باختلاف الثقافات، والأهم بالنسبة للعالم في جميع المجالات هو امتلاك الوسائل، والبلاغة هي وسيلة انتبه إليها الإنسان قديماً، فكانت مع السفسطائيين وأفلاطون وأرسطو وغيرهم في أثينا الوسيلة إلى اعتلاء المراتب، والوصول إلى المآرب، وأشار إليها الإسلام بتوصيف مرتبط بتمثيل عربي يُقرّب التأثير البليغ، فقال الرسول صلى الله عليه وسلم: «إنّ من البيان لسحراً». واعتبرت البلاغة عند القدماء «أحقّ العلوم بالتعلم، وأولاها بالتحفظ – بعد المعرفة بالله جلّ ثناؤه –»[27]، ولا يصل الإنسان إلى معرفة إعجاز القرآن من دونها «... لأنه إذا لم يفرق بين كلام جيّد، وآخر رديء؛ ولفظ حسن، وآخر قبيح، وشعر نادر، وآخر بارد، بان جهلُه، وظهر نقصه».

وهو أيضاً إذا أرادَ أنْ يصنع قصيدة، أو ينشئ رسالة – وقد فاته هذا العلم – مزج الصّفْوَ بالكَدَرِ، وخلط الغُررَ بالعُرَر، واستعمل الوحشي العكر، فجعل نفسه مَهزَأة للجاهل، وعِبْرة للعاقل، كما فعل ابن جحدر في قوله:[28]

حَلَفْتُ بما أرْقَلَتْ حَوْلَهُ
هَمَرْجَلَةٌ خَلْقُها شَيْظَمُ

وما شَبْرَقَتْ مِنْ تَنوفِيَّةٍ
بِها مِنْ وَحَى الجِنِّ زِي زيزَمُ

وأنشده ابن الأعرابي، فقال: إن كنت كاذباً فالله حسبُك»[29].

ليتبين أن البلاغة منذ اليونان إلى يومنا هذا لمْ تحدْ عنِ الْجَدْوى والوظيفة، والإجابة عن أسئلة الإنسان في محيطه – خاصة وظيفة الإقناع – التي أعادتها البلاغة الجديدة مع بريلمان وتيكيتا في كتابيهما[30] Ch. PERELMAN et L. OLBRECHTS – TYTECA، وارتكاز البلاغة على الحجاج إلى الحدّ الذي أصبحت البلاغة الجديدة تفيد الحجاج؛ نظراً لكون بلاغة الحجاج قامت على أساس دحض اليقين، الذي تبنته الكنيسة على المستوى الديني، ثم اليقين العلمي، خاصة مع العقلانية الديكارتية، لكن الخروج من إمبراطورية البلاغة، لا يتحقق نظراً لكون البلاغة كيفما اختلفت مراجعها ومرجعياتها، تحوم حول الخطاب والمتكلم والمخاطب والمقام كأساس للتواصل، الذي تُبنى عليه البلاغة، حيث «قيل لبعضهم: ما البلاغة، فقال:

إبلاغ المتكلم حاجته بحسن إفهام السامع ولذلك سميت بلاغة»[31].

وما حدّده جاكبسون من عناصر التواصل يوسّع دائرة الاشتغال على الخطاب[32]:

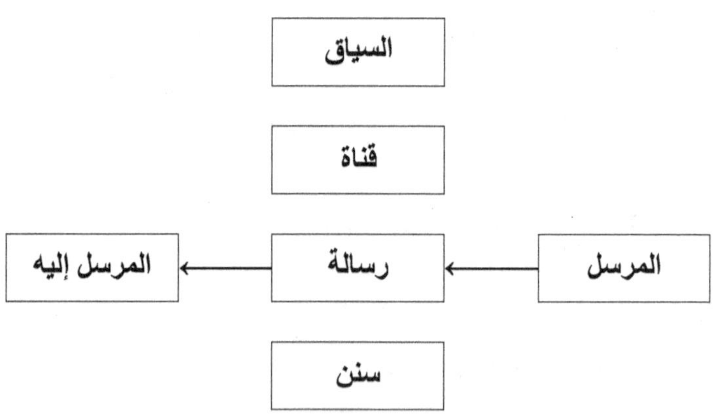

مخطط عوامل التواصل اللفظي

وترتبط البلاغة بالنموذج التواصلي الجاكبسوني، في جانبها التواصلي، فالبلاغة اشتغلت على المرسِل والمرسَل إليه والسياق، والرسالة، بشكل مباشر، إلا أن الوظيفة المتعلقة بعنصر الرسالة؛ أي الوظيفة الشعرية Poétique ربما كانت مدار بحث البلاغة، «ونلمح تعريفها في تحديد جاكبسون لمجال الشعرية بوصفها علماً قائماً بذاته ضمن أفانين اللسانيات؛ أي «بوصفها الدراسة اللسانية للوظيفة الشعرية في سياق الرسائل اللفظية عموماً وفي الشعر على وجه الخصوص»[33].

والبلاغة في هذا السياق تبقى غير محددة تحديداً دقيقاً، إلّا في إطار عام – دون الدخول في مجالاتها – ففي المقابل الغربي، الريطوريك (rhétorique, rhetoric)، هناك من ميّز بين ثلاثة مفاهيم كبرى:

«1– المفهوم الأرسطي الذي يُخصّصها لمجال الإقناع وآلياته، حيث تشتغل على النص الخطابي في المقامات الثلاثة المعروفة (المشاورة والمشاجرة والمفاضلة). وهي بهذا المفهوم تقابل بويتيك (poétique,poetics) التي تُعنَى بالخطاب المحاكي المخيّل أي الشعر حصراً، وهذا هو المفهوم الذي أعاد بيرلمان وآخرون صياغته في اتجاه بناء نموذج منطقي للإقناع.

2 – المفهوم الأدبي الذي يجعلها بحثاً في صور الأسلوب، هذا المفهوم الذي استقر لها عبر تاريخ من الانكماش رسم بارت خطوطه العامة في محاضراته المشهورة عن تاريخ البلاغة القديمة، وقد أعيدت صياغة هذا الاتجاه حديثاً باعتباره بلاغة عامة أحياناً، كما هو الحال في الدراسة المشهورة لجماعة مي، تحت عنوان: البلاغة العامة.

3 – المفهوم النسقي الذي يسعى لجعل البلاغة علماً أعلى يشمل التخييل والحجاج معاً، أي يستوعب المفهومين الأولين من خلال المنطقة التي يتقاطعان فيها موسعاً لهذه المنطقة أقصى ما يمكنه التوسيع. فقد حدث خلال التاريخ أن تقلص البعد الفلسفي التداولي للبلاغة وتوسع البعد الأسلوبي حتى صار الموضوعَ الوحيد لها، فكانت نهضة البلاغة حديثاً منصبة على استرجاع البعد المفقود في تجاذب بين المجال الأدبي (حيث يهيمن التخييل) والمجال الفلسفي المنطقي من جهة، واللساني التداولي من جهة ثانية.

وقد يَفْقد هذا المفهوم الثالث طابَعه الإشكاليّ النسقيّ، سعياً للدمج الكلي للبعدين التخييلي والتداولي فيشرف على حدود التلفيق، كما هو الحال في الكثير من النماذج المنتمية إلى السيميائيات وعلم النص»[(34)].

وجميع المفاهيم التي أعطيت للبلاغة، حسب موضوع اشتغالها، أو أدواتها المنهجية، تؤكد التأثير الذي حاولت الدفاع عنه، مع السفسطائيين وأرسطو وما بعدهما، وكذا مع البلاغيين العرب، وفي الغرب، إلى يومنا هذا، ممّا يدلّ على أهميتها في التأثير على المتلقي، وفي الواقع؛ الشيء الذي دفع الكثير من الدارسين والسياسيين – خاصة – إلى الانتباه لأهميتها، بل حسمِها في نتائج الحجاج والتفاوض والترافع، خاصة في الانتخابات العالمية في أمريكا أو الغرب وحتى عند العرب؛ فالمتتبع للانتخابات الرئاسية بأمريكا أو فرنسا وغيرهما، عبر مراحلها الأخيرة، يستنتج أن البلاغة العنصر الحاسم في التأثير على الرأي العام نظراً لكون البرامج ما هي إلا مشاريع، كما أن الوقائع ما هي إلا معطيات يمكن تناولها بلاغياً من منظورات متعددة؛

وبالتالي شكّلت البلاغة وسيلة فاعلة في توجيه الرأي العام، ومؤثرة في جميع المجالات: السياسية، الاقتصادية، والمقاولاتية، والتعليمية، والدينية، والإعلامية، والأدبية، وغيرها من المجالات. ولا نعتقد أن هناك بلاغةً عقيمة؛ لأن البلاغة والمنهج بصفة عامة، يختلف توظيفه من ناقد إلى آخر، ومن نص إلى آخر، والنجاح فيه مردّه إلى كفايات. كما أنّ لكلّ عصر حاجاته من الأساليب، والبلاغة كنظرية شبيهة بالنظريات الأخرى في مجال العلوم، من خاصياتها أنها نسق من التصورات والمفاهيم منتظمة في قوانين تحددها مصطلحات مفسرة ومعللة لظواهر مرتبطة بموضوعها، قصد وضع قاعدة من التمثيلات للتحليل والتركيب والتعميم، وهي بذلك نسق من التمثيلات القابلة للتطور وفق ما تتيح النظرية في حدّ ذاتها وفي علاقتها بالموضوع / وبالظواهر المدروسة، من إمكانات التطور، وهذا ما يفسّر عدم إمكانية وضع البلاغة الجديدة قطائع مع البلاغة السابقة، لكن السمة التي أخذتها من خلال اشتغالها على الخطابات، كونها مهيمنة على كلّ مظاهر الكلام، مما جعل بريلمان وغيره يعتبرونها إمبراطورية؛ و«بعبارة أخرى، أن الحجاج الفلسفي l'argumentation philosophique والحجاج القانوني l'argumentation juridique يجتمعان في خاصية إنتاج تطبيقات عملية في مجال الواقع الإنساني تتعلق في مجملها بالنظرية العامة للحجاج، والتي تمثل نظرية البلاغة الجديدة، وحينما نماثل بين هذه الأخيرة وبين النظرية العامة في الخطاب الإقناعي التي تسعى إلى أن تحقق تأييد الجمهور المخاطَب أيّاً كان نوعه، والتأثير فيه على الجانبين الذهني والعاطفي في آن واحد، فإنما نريد التأكيد على أن كل خطاب ينفي مبدأ الصلاحية التجريدية

validité impersonnelle، هو خطاب يتصل اتصالاً وثيقاً بالبلاغة، وأنه في كل مرة تتجه فيها عملية التواصل نحو التأثير في مخاطَب واحد أو جمهور من المخاطَبين بهدف إعادة تشكيل أفكارهم وإذكاء عواطفهم أو إخمادها ولتوجيه أفعالهم أيضاً، فهي عملية تدخل ضمن نطاق علم البلاغة الذي يتضمن بصفة متميزة على الجدل والتقنيات الحجاجية المستعملة في الحوار والنقاش؛ ومن هذا المنطلق، أصبحت البلاغة تشتمل على مجالات واسعة لطالما كانت خارج منطق اهتمام واشتغال أنظمة الفكر غير الشكلاني non – formalisée. وصار في الإمكان الحديث عن إمبراطورية بلاغية l'empire rhétorique في الفلسفة والقانون ومختلف العلوم الأخرى، بنفس تلك الروح التي جاء على وصفها فيها بروفيسور البلاغة في جامعة توبنغن، العالم الفيلولوجي الألماني والتر يينس 2013 – 1923) W. Jens) بكونها: «المملكة القديمة والجديدة للعلوم الإنسانية جميعاً»[35]. وهذه الشمولية المنهجية للبلاغة ما يجعلها غير محدودة وغير منتهية، فهي تتشكّل وفق تطوّر الخطاب، والملاءمة pertinence بين تصوّراتها والواقع والحياة في تمظهرها الكلامي أو العلامات. وبالرغم من إشارة البعض إلى وجود بلاغات، فإننا نرى أن هناك اتجاهات بلاغية داخل نسق بلاغي واحد، وهو ما يجعل الكثير من الدراسات البلاغية العربية، خصوصاً، تشير إلى وجود مفاهيم جديدة وحديثة من البلاغة الغربية في التراث البلاغي العربي. كما يجد القارئ للبلاغة الغربية أن مفاهيم بلاغية مثل: الاستعارة والتشبيه والتوازي الصوتي والتناص والجناس والطباق وغيرها، يصعب التمييز بين التحليل الكلاسيكي والتحليل البلاغي الجديد، بل إنّ الاختلاف بين

تنظير البلاغة الجديدة والغربية تحديداً، والتنظير البلاغي العربي القديم، لا يليه – بالضرورة – اختلاف في التحليل والنتائج، ممّا يجعل الشكّ يحوم حول هذا الاختلاف، ويؤكد أنّ التصورات البلاغية مشترك، وربما يعود الإشكال إلى غياب وضع نسق لكل مفهوم، وهو ما يميز العلم عموماً، والذي يعتمد قانوناً يمرّ بمراحل ثلاث: «الأولى ملاحظة الحقائق ذات الدلالة، والثانية الوصول إلى فرض يفسر هذه الحقائق إن صح، والثالثة أن تُستنبط من هذا الفرض بطريق القياس نتائج يمكن اختبارها بالملاحظة. وإن كان في العادة يحتاج إلى إجراء تعديل فيه فيما بعد، نتيجة لكشف حقائق جديدة»[36]. وسنحاول الوقوف على كل هذه السمات والخصائص البلاغية، وما تتيح البلاغة كمنهج للفهم والتفسير والتحليل والتأويل، من إمكانات إجلاء المعنى الشعري، الذي سنركز عليه في هذه الدراسة. «فإذا أراد الشاعر بناء قصيدة مخّض المعنى الذي يريد بناء الشعر عليه في فكره نثراً، وأعد له ما يلبسه إياه من الألفاظ التي تطابقه، والقوافي التي توافقه، والوزن الذي يسلس له القول عليه، فإذا اتفق له بيت يشاكل المعنى الذي يرومه أثبته، وأعمل فكره في شغل القوافي بما تقتضيه المعاني على غير تنسيق للشعر وترتيب لفنون القول فيه؛ بل يعلق كلَّ بيت يتفق له نظمُه، على تفاوت ما بينه وبين ما قبله، فإذا كملت له المعاني، وكثُرت الأبيات وفّق بينها بأبيات تكون نظاماً لها وسلكاً جامعاً لما تشتت منها... وإن اتفقت له قافية قد شغلها في معنى من المعاني، واتفق له معنى آخر مضاد للمعنى الأول، وكانت تلك القافية أوقع في المعنى الثاني منها في المعنى الأول، نقلها إلى المعنى المختار الذي هو أحسن، وأبطل ذلك البيت أو نقض بعضه، وطلب لمعناه قافية

تشاكله، ويكون كالنساج الحاذق...»[37]. ويتبين لنا أن مدار الشعر هو المعنى، الذي تكرر في كلام صاحب عيار الشعر، تكراراً يجعله محور التشكيل الشعري وبؤرته.

ودون الدّخول في تفاصيل التحديدات المقدّمة للشعر، في عصر ما، أو عبْر عصور متعدّدة، أو حتى بين ثقافات وحضارات مختلفة؛ نجد أن الشعر كلام مميّز عن النثر، بخصائص تصل إلينا، ويمكن للذائقة الشعرية القبض عليها، وتوصيفها، بلغة واصفة وكاشفة عن جوهره. والأهم أنّه عبّر عن الإنسان بصفة عامة في علاقاته بالوجود، ونظر إليه النُّقادُ والمنظّرون نظرات عديدة، على مستوى ما يمثله في وجودنا، فنجد إدوار غليسان Edouart glissan يَرى أن التنوع اللامتناهي لا يُعبَّر عنه إلا من خلال القصيدة؛ «لأن الكلام الشعري يسطع داخل ألق لا ينقطع لتذكر الأراضي المنخسفة من جديد، وهو يتمهل في ظلال الغابات التي هي عبارة عن كهف ونور، عن خارج وداخل. هكذا، تغزو القصيدة الضياء داخل الظلمة، معيدة حركة الأزمنة الأولى فهي (تنشد) التفصيل، وتعلن عن الكلية كذلك، ويتعلق الأمر هنا بكلية الاختلافات التي تتسم بالحسم أبداً لنفس السبب، (وهذه طريقة جدلية غير مقبولة وغير قابلة للكشف) وداخل هذا الحاضر الغامض وضمن الصفوف غير المفهومة لتقنياته التي يتعذر بيانها، تعتبر القراءة أو الإنصات، أو مجرد استحضار القصيدة، بوصفها أثراً لقصيدة العالم الأولى، غير محتملة لأولئك الذين لا يريدون رؤية أو سماع إلا ما يدعونه بنوع من الطيش، واقعاً. فهذا الإنصات يبدو لهم انحرافاً لا يحتمل الأحادية التي لا يتسلى بها أي أحد، ولا يزول القلق الناتج عنها»[38].

إنّ الدراسة التي نود تقديمها تنطلق من إشكالات مرتبطة ببلاغة الشعر وبالمعنى البلاغي تحديداً، بالرغم من وجود منطلقات منهجية، وأنساق فكرية، ومرجعيات ثقافية، يتقاطع فيها النثري/الخطابي مع الشعري. كما نتوخى – إضافة إلى ذلك – رصد التطور الذي عرفه تحليل القصيدة العربية في المستوى البلاغي، والأهم معرفة تلقي الشعر، هل يتم انطلاقاً منه، أم من منطلقات خارجة عنه، مرتبطة بموجهات خارجية يتبناها المتلقي لإسقاطها على النص الشعري أو إخضاعه لها، ممّا يخلق أزمة ذائقة أكثر منها أزمة قصيدة أو حساسية كلاسيكية أو حداثية، وهل استطاعت البلاغة والمناهج بصفة عامة إلى يومنا هذا تقديم مقاربات وقراءات جديدة تضيء القصيدة وتسبر أغوارها، وتقدم قراءات تجيب عن تساؤلات الشعر والإبداع والبحث عن النواة النظرية المؤطرة للتفكير البلاغي والنقدي العربي في الشعر، وهل شكّلت المقاربات البلاغية في علاقتها النسقية بالمناهج في اشتغالها على النصوص والخطابات – خاصة الأدبية – سلطة رمزية على الإبداع بخلقها لتصورات ومعايير صورية وتجريدية؟ ومن ثمة محاولة تحديد جهاز المفاهيم البلاغية على المستوى النظري ومروره إلى المقاربة البلاغية، وهل البلاغة كافية للوصول إلى المعنى، باعتباره قصداً في كل قراءة؟، أو كما يقول بول ريكو: «ليس قصد المؤلف، الذي يُفترض أنه يتخفّى وراء النص، ليس السياق التاريخي المشترك بين المؤلف وقرائه الأصلاء، لا حتى فهمهم هم أنفسهم من حيث هم ظواهر تاريخية وثقافية، ما ينبغي تملّكه هو معنى النص نفسه، مفهوماً بالمعنى السّيّال المتحرك بوصفه اتجاه

الفكر الذي يفتتحه النص. بعبارة أخرى، ما ينبغي تملّكه ليس سوى قوة انكشاف عالم يشكل إحالة النص»[39].

لكن قبل الوصول إلى التحليل والمقاربة المعتمدة على معايير، كان لا بدّ أن تمرّ العملية من إصدار أحكام، قد تبدو انطباعية، لكنها تصدر عن ذائقة شعرية مدربة؛ لذا يمكن القول إنّ البلاغة بدأت من بذور جنينية مع الأحكام الصادرة حول الشعر والشعراء، مجيبة عن سؤال مَنْ أشْعر؟ ولم نقف في العصر الجاهلي وصدر الإسلام على مقاربات أو وقفات على قصائد تتناولها بالدراسة والتحليل، لكن مع تطور العلوم نشأت هذه الدراسات وهو ما أطلق عليه الشروح، التي أخضعت القصائد لطريقة محددة ومنهج دقيق، يتناول من خلال مستويات تحليل القصيدة، موضوع الدراسة. وبحسب الشراح واهتماماتهم كانت هذه المستويات حاضرة: المستوى اللغوي المعجمي، المستوى الدلالي، المستوى التركيبي، المستوى البلاغي، المستوى الموسيقي، إلا أنّ الوصولَ إلى هذه المقاربات لم يكن دون تحقّق تطور في علوم النص، النحو والصرف والبلاغة والعروض؛ لذا يمكن تتبع هذه الدراسة من مسارها الطبيعي أي من الأحكام النقدية / البلاغية إلى المقاربات التحليلية للنص الشعري.

والبلاغة العربية تطورت عبر مراحل، من خلال دراسات حول النصّ: القرآن والشعر والنثر بأنواعه الأدبية وتداخلت مع علوم النص/ اللغة، فنجد في «كتاب» سيبويه إشارات مهمة لأوجه استعمال التراكيب، أما مع أبي عبيدة (ت 210 هـ) في كتابه «مجاز القرآن» فإن الإشارة إلى هذه الأساليب البلاغية، توسّع أكثر، وأصبحت البلاغة

– على المستوى الوظيفي – حاضرة في الحكم على الأساليب، من القرآن والشعر والرسائل والخطب، ومحاولة تفسير مكمن الجمال فيها، وبيان ما فيها من البلاغة والبيان أو الإعجاز بالنسبة للقرآن. وطوّر هذا المهيع الجاحظ في كتابه «البيان والتبيين» الذي انتقل بالبلاغة إلى مستوى التنظير المؤسَّس على خلفية أيديولوجية، نظراً لتطور الفكر الاعتزالي، في علاقته بفكر الفرق والنحل الأخرى، واشتغل الجاحظ على البلاغة في علاقتها بالخطابة وعناصرها من خطيب وخطبة وجمهور، وهو ما أتاح له الحديث عن البلاغة الحجاجية، فركز على الخطيب ومميزاته من جهارة الصوت وحسن تلفظه، باحترام ضوابط الفصاحة، خاصة ما يتعلق بمخارج الأصوات، كما ركز على الرسالة (الخطبة) وما تقتضي من إيجاز وإطناب، حسب ما يمليه المقام، وطوّر عبد الله بن المعتز مباحث البديع، خاصة؛ لتكتمل البلاغة على مستوى تناولها للظواهر النصية، وسلك المبرد في كتابه «الكامل» مسلك الدارسين للأدب، من حيث المنهج، وتتبع الأدب العربي شعراً ونثراً، وأخباره وأخبار الأدباء في العصر الذي يعيشونه، مع الخلفاء والسياسيين، وجميع شرائح المجتمع، وتناول كلّ العلوم، بما في ذلك البلاغة المرتبطة بها. فأشار إلى مباحثها في النصوص، من التشبيه والاستعارة والإيجاز والإطناب، وللأسف لم يُعثر على كتابه في البلاغة الذي تشير إليه كتب التراجم، حسب علمنا، لنعرف المهيع الذي سلكه، وتلتها كتب تناولت الشعر والشعراء لتذكي الخصومات الأدبية، خاصة حول الطائيين وحول المتنبي، النقاش النقدي، وتصبح البلاغة في محكّ مواجهة النص الشعري، واختبار ميداني مخبري للمفاهيم البلاغية،

خاصة مع صاحب الموازنة الآمدي، وصاحب الوساطة القاضي الجرجاني، حيث المادة البلاغية التي قاربت الشعر، وتتبعت معانيه، لتؤكد ثراء ونضج البلاغة، ويصبح جهاز مفاهيمها دقيقاً، متواضَع عليه، ويصبح النقد التطبيقي له مستنده النظري.

إلا أنّ البلاغةَ المرتبطة بالنص القرآني، كان لها في الفكر البلاغي العربي حضوراً مؤثّراً على مسارها، فتداخلُ الاشتغالِ على النص القرآني بالاشتغال على الأدب والشعر تحديداً؛ لأن جهاز المفاهيم البلاغية مشترك، والإشكال متشاكل، من حيث البحث في التمييز بين مستويات النصوص والخطابات؛ لأن معظمَ البلاغيين انطلقوا من سؤال مَكْمَن الاستحسان، إذ كيف ينبغي للناقد «أن يَحكم في تفاضل الأقوال، إذا أراد أن يُقسّم بينها حظوظَها من الاستحسان، ويعدّل القسمة بصائب القسطاس والميزان»[40]، بما في ذلك الذين كتبوا حول بلاغة الشعر أو إعجاز القرآن: كالجاحظ، والباقلاني، والرماني وعبد القاهر الجرجاني والزمخشري والفخر الرازي وغيرهم، لتستقرّ البلاغة على إطار نظري متكامل يستند إلى التراكم البلاغي العربي، مع كتاب مفتاح العلوم، يوسف بن أبي بكر محمد، أبو يعقوب السكاكي (554 هـ – 626 هـ). فكان عصارةَ الجهود البلاغية منذ ولادتها إلى حدود القرن السابع الهجري متأثراً بمنهج التأليف المتطور، وبعلوم منها المنطق والاستدلال، وبالفلسفة اليونانية والفكر الإسلامي، وعلوم القرآن والنحو العربي، وقسّم «المفتاحُ» مباحثَه إلى علم الصرف وعلم النحو وعلمي المعاني والبيان وعلم الاستدلال أو علم خواص تركيب الكلام وعلم الشعر، وربط معرفة علم المعاني

والبيان بعلم الاستدلال فـ«مقام الاستدلال بالنسبة إلى سائر مقامات الكلام جزء واحد من جملتها، وشعبة فردة من دوحتها، علمت أن تتبع تراكيب الكلام الاستدلالي ومعرفة خواصها مما يلزم صاحب علم المعاني والبيان»[41]، ويرى السكاكي أن: «الكلام إلى تكملة علم المعاني، وهي تتبع خواص تراكيب الكلام في الاستدلال، ولولا إكمال الحاجة إلى هذا الجزء من علم المعاني»[42].

ومَهْما قيل عن المفتاح، من أقوال، أو اجترار ما أفرزته خلفيةٌ نظرت إلى العصر على أنه عصر انحطاط، لمجرد توقف الحُكم العربي، فإنّ القراءة المتمعنة لهذا الكتاب وما حام حوله من كتب ومؤلفات وشروح ومنظومات ودراسات تدلّ على عبقرية السكاكي في التأليف البلاغي العربي، فقد ملأ دنيا البلاغة وشغل الناس، حتى أصبح مدار الدرس البلاغي، والذي حجّر البلاغة هو عدم الاطلاع على المفتاح، وإصدار أحكام جاهزة منقولة دون وعي، واشتغل على المفتاح جماعة من العلماء منهم بدر الدين بن مالك (ت 686 هـ) بمختصر، سماه: «المصباح في اختصار المفتاح»، كما شرحه القزويني: «كتاب التلخيص» وما يشوّش على الفهم هو عناوين هذه الكتب التي درست دراسة معمقة المفتاح، واعتمدت كتباً أخرى لقراءته، كعبد القاهر الجرجاني وابن سنان الخفاجي، وتقيله شراح التلخيص، وممّن أَفْرد له نظماً: المعز بن طاهر «أنبوب البلاغة»، وجلال الدين السيوطي، سماه «عقود الجمان» وعبد الرحمن الأخضري في «الجوهر المكنون في الثلاثة الفنون».

هوامش التمهيد:

1 – ريتشاردز: فلسفة البلاغة، ترجمة: سعيد الغانمي – د ناصر الحلاوي – إفريقيا الشرق ط 2002: ص 13.

2 – شاييم بريلمان Chaïm Perelman: من مواليد 20 مايو 1912 بفاروفي varovie والمتوفى في يناير 1984 بأوكل Uccle، وهو فيلسوف ومنظر بلجيكي في الحقوق اعتبر مؤسس البلاغة الجديدة Nouvelle Rhétorique.

3 – ابن رشيق: العمدة في محاسن الشعر وآدابه، تحقيق: محمد محيي الدين عبد الحميد، دار الجيل، بيروت، ط 5، 1401 هـ – 1981 م (باب البلاغة) ص167.

4 – الشاطبي (أبو إسحاق إبراهيم بن موسى بن محمد اللخمي): الموافقات، ضبط، أبو عبيدة مشهور بن حسن آل سلمان، دار ابن عفان، الطبعة الأولى، 1997. ج5 ص 253.

5 – نفسه: ص 155.

6 – مصطفى ناصف: نظرية المعنى في النقد العربي، دار الأندلس بيروت. ص 8.

7 – أبو هلال العسكري: الصناعتين، تحقيق: علي محمد البجاوي ومحمد أبو الفضل إبراهيم، دار إحياء الكتب العربي – عيسى البابي الحلبي – ، ص 12.

8 – نفسه: ص 14.

9 – عبد القاهر الجرجاني: دلائل الإعجاز في علم المعاني، تحقيق: محمد رشيد رضا، دار المعرفة، لبنان، 1982، ص35.

10 – الجاحظ: كتاب الحيوان، تحقيق: عبد السلام محمد هارون، البابي الحلبي، ط 2، 1385هـ – 1965م، ج3/ص131.

11 – ابن الأثير (ضياء الدين): المثل السـائر في أدب الكاتب والشـاعر، تعليق د. أحمد الحوفي ود. بدوي طبانة، دار نهضة مصر القاهرة ص 93.

12 – عبد القاهر الجرجاني، دلائل الإعجاز، مرجع سابق، ص 35.

13 – انظر: شـروط الفصاحة عند ابن سنان «سر الفصاحة»، في اللفظة الواحدة هناك ثمانية شروط:

تباعد مخارج الحروف، حسـن ومزية التأليف على السـمع، أن تكون الكلمة غير متوعرة وحشية، أن تكون الكلمة غير ساقطة عامي، أن تكون الكلمة جارية على العرف العربي الصحيح غير شاذة، ألا تكون الكلمة قد عبر بها عن أمر آخر يكره ذكـره، أن تكون الكلمة معتدلـة غير كثيرة الحروف، أن تكون الكلمة مصغرة في موضع عبر بها عن شيء لطيف.

سـر الفصاحة: ابن سـنان الخفاجي، تحقيق: إبراهيم شـمس الدين، ط ناشـرون، لبنان، 2010، ص 104 – 106.

14 – عبد القاهر الجرجاني: دلائل الإعجاز، مرجع سابق، ص 307.

15 – عبـد القاهر الجرجاني: أسـرار البلاغة في علم البيـان، تحقيق: عبد الحميد هنداوي، دار الكتب العلمية، ص 14.

16 – صفي الدين الحلي: شـرح الكافية البديعية في علوم البلاغة ومحاسن البديع. تحقيق: د. نسيب نشاوي، مطبوعات مجمع اللغة العربية بدمشق. ص 4.

17 – نفسه، ص 5.

ومـن بين المصطلحات التـي تناولها صفي الدين الحلي: براعة المطلع – الجناس – الطباق – الاستطراد – التوشيح – المقابلة – اللف والنشر – التذييل – الالتفات – التفويـف – الهـزل الـذي يراد به الجـد– عتاب المرء نفسـه – رد العجز على الصـدر – الموارـبة – الهجاء فـي معرض الذم – التهكم – الإبهـام – النزاهة – التسليم – التخيير – القول بالموجب – الافتنان – المراجعة – المناقضة – التغاير – الاكتفاء – تشـابه الأطراف – الاسـتدراك – الاسـتثناء – التشـريع – التمثيل – تجاهل العارف – إرسـال المثل – التتميم – الكلام الجامع – التوجيه – القسـم – الاسـتعارة – مراعاة النظير – براعة التخلص – الاطراد – التكرار – التورية – المذهب الكلامي – التوشيح – المناسبة اللفظية – التكميل – العكس – الترديد – المبالغة – الإغراق – الغلو – الإيغال – نفي الشـيء بإيجابه – الإشارة – النوادر – الترشيح – الجمع – التفريق – التقسيم – الجمع مع التقسيم – ائتلاف المعنى مع

المعنى – الاشــتراك – الإيجاز – المشــاكلة – ائتلاف اللفظ مع المعنى – التشــبيه – الاشــتقاق – التصريع التشــطير – الترصيع – الموازنة – التجزية – التســجيع – المماثلــة – التســميط – التطريــز – الإرداف – الكناية – الالتزام – الموارِدة – التجريد – المجاز...

18 – ابن الأثير ضياء الدين: كفاية الطالب في نقد كلام الشاعر والكاتب، تحقيق: د. نــوري حمودي القيســي، د. حاتــم صالح الضامن، د. هلال ناجي. منشــورات جامعة الموصل، ص 40.

19 – نفسه: ص 10.

20 – الطيبــي (الحســين بن محمد بن عبد): التبيــان في البيان، ط 1، دار البلاغة، بيروت، 1991. ص 202.

21 – ريتشاردز: فلسفة البلاغة، مرجع سابق ص 20.

22 – حازم القرطاجني: منهاج البلغاء وســراج الأدباء، تحقيق: محمد الحبيب ابن الخوجة، دار الغرب الإسلامي، لبنان، ط 3، 1986، ص 19 – 20.

23 – نفسه: ص 20.

24 – نفسه: ص: 143 – 144.

25 – ابن الأثير: المثل السائر في أدب الكاتب والشاعر، مرجع سابق، ص 109.

26 – حازم القرطاجني: منهاج البلغاء وسراج الأدباء، مرجع سابق، ص54.

27 – أبو هلال العسكري: الصناعتين، مرجع سابق، ص 2.

28 – أورد البيتين القلقشندي في صبح الأعشى. تحقيق: د. يوسف علي طويل: دار الفكر – دمشق الطبعة الأولى، 1987 ص 2/ 226.

ضمــن الغريب وما يعاب مطلقاً، وشــرحهما بقوله: «فالإرقال ضرب من الســير وهو نوع من الخبب يقال منه أرقلت الناقة ترقل إرقالاً والهمرجلة الناقة السريعة وقال أبو زيد الهمرجلة الناقة النجيبة الراحلة. والشــيظم الشــديد الطويل وهو من صفات الإبل والخيل والأنثى شيظمة. والشبرقة القطع يقال شبرقت الثوب أشبرقه شــبرقة إذا قطعته وشــبرقت الطريق إذا قطعتها. والتنوفة المفازة... والوحى هنا: الصوت الخفي يقال سمعت وحاة الرعد وهو صوته الممتد الخفي.

وقوله زيز يزم حكاية لأصوات الجن إذا قالت زي زي، وحاصله أنه يقول حلفت هذه الحلفة بما ســارت هذه الناقة الشــديدة الســير العظيمة الخلق، وما قطعت من

مفازة لا يسمع فيها إلا أصوات الجن. وهذا مما لا يوقف على معناه إلا بكد وتعب في كشفه وتتبعه من كتب اللغة.

29 – نفسه: ص 3.

30 – Ch. PERELMAN et L. OLBRECHTS – TYTECA, La nouvelle rhétorique, Traité de l'argumentation, P.U.F., Paris, 1958, 3e éd. Édition de L'Université de Bruxelles, 1976,

31 – ابن رشيق: العمدة في محاسن الشعر وآدابه، مرجع سابق، ص 168.

32 – الطاهر بومزبر: التواصل اللساني والشعرية، مقاربة تحليلية لنظرية جاكبسون، منشورات الاختلاف، الجزائر، 2007، ص 34.

33 – نفسه: ص22.

34 – نفسه: ص 44.

35 – إمبراطورية فلسفة البلاغة: نص للفيلسوف البلجيكي شاييم بيرلمان. ترجمة: أنوار طاهر. ص 12. ويحيل إلى:

W. Jens, Von deutscher Rede, München, Pieper, 1969, p. 45.

عنوان فصل من كتاب مؤسس البلاغة الجديدة الفيلسوف البلجيكي شاييم بيرلمان Chaïm Perelman والموسوم:

L'empire Rhétorique, Rhétorique et Argumentation, Chap. L'empire Rhétorique, Librairie Philosophique J. Vrin, France, 1977, pp. 169 – 178.

36 – برتراند رسل: النظرة العلمية، ترجمة: عثمان نويه، مراجعة: د. إبراهيم حلمي عبد الرحمن، مكتبة نوبل، داري للثقافة والنشر، سوريا، ط الأولى، 2008، ص 51.

37 – ابن طباطبا العلوي: عيار الشعر، تحقيق: عباس عبد الستار، مراجعة: نعيم زرزور، دار الكتب العلمية، بيروت، الطبعة الأولى، 1982، ص 11.

38 – إدوارد غليسان: فلسفة العلاقة، امتداد الشعر، ترجمة: عز الدين الخطابي. دار توبقال للنشر، ص 62، ط الأولى، 2020. العنوان الأصلي للكتاب:

Edouart glissan philosophie De la relation Poésie et étendue. Editions Gallimare 2009.

39 – بول ريكور: نظرية التأويل وفائض المعنى، ترجمة: سعيد الغانمي، المركز الثقافي العربي، الدار البيضاء، المغرب، ط2، 2006، ص 154.

40 – عبد القاهر الجرجاني: أسرار البلاغة في علم البيان، مرجع سابق، ص 6.

41 – السـكاكي: مفتاح العلوم، ضبط نعيـم زرزور، دار الكتب العلمية، بيروت، لبنان، الطبعة الأولى، 1984، ص 435.

42 – نفسه: 435.

الفصل الأول:

الشعر ونشأة البلاغة

1 - جدوى البلاغة:

طُرح منذ القديم سؤال جَدْوى نقد الشعر، وهل هناك حاجة إلى النقد في الإبداع؟ فشكّكَ البعض، على ما يبدو، في ضرورته، بما أن الاستحسان يكفي دون تعليل، بالرغم من لجوء الشعراء إلى النقاد والاحتكام إلى معاييرهم؛ دَرْءاً للتمييع، على اعتبار الأحكام النقدية تجعل من عملية الانتقاء والتصنيف والغربلة عملية مؤسَّسة، وذات مصداقية وتأثيرٍ على الرأي والذائقة العامة. سؤال أعاد طرحه ابن سلام الجمحي، حين روى ما «قال قائل لخلف: إذا سمعتُ أنا بالشعر واستحسنتُه فما أبالي ما قلتَ فيه أنتَ وأصحابُك، فقال له: إذا أخذتَ أنتَ درهماً فاستحسنتَه فقال لك الصراف: إنه رديء، هلْ ينفعُكَ استحسانُك له؟»[1]، وهو ما يفيد بلا شكّ القياس المنطقي لضرورة الاختصاص، فلكلّ صناعة وفن اختصاص لا يمكن تجاوزه. والنقد من العلوم التي وَعَى العربُ بضرورتها، مثلهم مثل الأمم الأخرى كالإغريق لمعرفة «كيف ينبغي أن يحكم في تفاضل الأقوال، إذا أراد أن يقسّم بينها حظوظها من الاستحسان، ويعدّل القسمة بصائب القسطاس والميزان»[2]. ويعتبر النقد الأدبي من العلوم الظلال، أيْ إنّ الظلّ يعكس صورة الإبداع كتمثيل للقارئ النموذجي، فلا يظهر

الظل إلا بعد تشكّل صورة الإبداع، حيث يعكس النقدُ الموضوعَ الذي سُلّط عليه الضوء/ القراءة، فيتحول ويتلون بألوان الضوء. وإنْ كان البعض يرى أن النقد يوجد «قبل ولادة العمل، أمّا علم الجمال فيأتي بعده. الأول يرتبط «بالكيف» أما الثاني فيرتبط بـ«لماذا» المتعة والانفعال، و«بالعمق» الذي يجد العمل الأدبي عن طريقه، إيقاعاً في الوعي»[(3)]. فالقصيدة موضوع قائم الذات، في بدايتها لم تحتج إلى نقد، بلْ كان الوعي الجمالي حدسياً وعفوياً. كما لم يكن الشعر الحر مشروطاً بتنظيرات نازك ومن تقيلها، لكن هذا لا يعني أنّ الإبداعَ لا يحتاج إلى النقد، أو أنّ النقد لم يطوّر القصيدة العربية. إنّ ما قدّمه النقد للثقافة الإنسانية ربما أعمق مما قدمه الإبداع في كثير من الأحيان، وأنّ حاجَتَنا إلى النقد هي حاجة إلى المعرفة. ولم تكن القصيدة في حاجة إلى نقد منذ بدايتها، إذْ كان الوعيُ الجمالي حدسياً وفطرياً مُنبهراً بالجمال أنّا كان، ويتّكئ على الذوق الإبداعي وليس الذوق النقدي، إن صحّ التمييز بينهما، إلا أن النقد موجود بالقُوّة من خلال النماذج الإبداعية، والمسألة شبيهة بالنحو عند الطفل فهو حدسي، يركب الجمل دون العودة إلى قاعدة مكتوبة. فكذلك القصيدة / الشعر، لم تكن بحاجة إلى ابن سلام وابن قتيبة والجاحظ وأبي هلال العسكري وابن الأثير وقدامة ابن جعفر وعبد القاهر الجرجاني، ولا إلى ابن رشد والفارابي وابن سينا المرجعية التي طورها نقدياً صاحب منهاج البلغاء وسراج الأدباء حازم القرطاجني، والسجلماسي في المنزع البديع في تجنيس أساليب البديع، ولا إلى غير هؤلاء من النقاد، ولا إلى عمود الشعر الذي استكمل أهم عناصره مع المرزوقي.

وتعتبر العلاقة بين العلوم في تماس وتداخل ملتبس، بل إن هذه

العلاقة من الإشكالات التي طُرحت وما زالت تُطرح على الباحثين، خاصة في مجال العلوم الإنسانية بصفة عامة، ومنها البلاغة التي شكلت - عند الكثير من الباحثين - إمبراطورية تتربع على عرش العلوم المشتغلة على النص وجميع الخطابات. فالبلاغة باعتبارها جهازاً من المفاهيم المستنبطة من النص والخطاب، تكشف بالأساس عن جماليته، ثم تميط اللثام عن المعنى ومعنى المعنى؛ أي تجمع داخل البيان بمفهومه البلاغي الموسّع بين جناحي البلاغة: بلاغة الجمال / الإمتاع والمؤانسة، وبلاغة الحجاج الإقناع والإفحام. واستطاع البلاغيون العرب أن يؤسّسوا عبر متواليات بلاغية صرحاً بلاغياً يصعب الإلمام به بدءاً من علماء اللغة، فمع سيبويه في «الكتاب» نقف على أسرار التراكيب، ووجه الدّقة في استعمالها، ومع أبي عبيدة في كتابه «مجاز القرآن» يقف الباحث على طُرق استعمال الأساليب وجماليتها الفنية والتعبيرية، ثم الجاحظ وتكلم في نفس المسلك ليطوره ويعمقه في سياق علم الكلام والخطابة والشعر، متبعاً مهيعاً بلاغياً نقدياً خاصة في كتابيه: البيان والتبيين وكتاب الحيوان، فتحدث عن الفصاحة والبلاغة ومعاييرهما، وعن اللفظ والمعنى، والإيجاز والإطناب ومواضعهما ليعبّد الطريق لمن سيأتي بعده من أمثال: عبد الله بن المعتز، صاحب كتاب «البديع»، وقدامة ابن جعفر في «نقد الشعر»، والمبرد في «الكامل» الذي تناول مباحث بلاغية أهمها: التشبيه والاستعارة ومواضع الإيجاز والإطناب، علماً بأن السبرد من الذين أفردوا للبلاغة كتاباً خاصاً يعتبر من الضائع - حسب علمي - بالرغم من إشارات كتب التراجم إليه، ثم أتت مؤلفات تناولت شعراء خاصة البحتري وأبي تمام والمتنبي: كالموازنة للآمدي

والوساطة للقاضي الجرجاني وغيرهما. تنضاف كتبُ الإعجاز القرآني: الباقلاني، الرماني وعبد القاهر التي كان لها قيمة كبيرة عمّقت البحث البلاغي، وإذا كان سيبويه بالكتاب دشن مرحلة جديدة في النحو العربي، فإن الجرجاني بكتابيه يدشن منعطفاً علمياً في البلاغة والنقد، وقدم نظرية النظم، وتأسى طريقه الزمخشري في «الكشاف» الذي شكل عمدة السكاكي في مفتاحه، أما ضياء الدين بن الأثير الموصلي فدقق المصطلحات البلاغية في كتابه «المثل السائر»، واعترض على بعض تخريجات الزمخشري خاصة في التقديم والتأخير، ثم تأتي مرحلة دشنها يوسف بن أبي بكر محمد، أبو يعقوب السكاكي (554 هـ – 626هـ)، ويفتتح كتابه «مفتاح العلوم» طوراً جديداً في البلاغة ابتدأ هذا الطور، وكان للمنطق والفلسفة الحضور القوي؛ لذا ربط السكاكي معرفة علم المعاني والبيان بعلم الاستدلال، بحيث إن «مقام الاستدلال بالنسبة إلى سائر مقامات الكلام جزء واحد من جملتها، وشعبة فردة من دوحتها، علمت أن تتبع تراكيب الكلام الاستدلالي ومعرفة خواصها مما يلزم صاحب علم المعاني والبيان»[4] ليُشكل المفتاح حلقة الدرس البلاغي العربي، سواء من خلال الشروح أو التلخيصات أو الدراسة البلاغية النقدية. نذكر من البلاغيين الذين تحلقوا حول المفتاح: بدر الدين بن مالك (ت 686 هـ) اختصره في كتاب «المصباح في اختصار المفتا» وشرحه القزويني: كتاب التلخيص. والشيرازي، عبد الرحمن بن أحمد عضد الدين الإيجي الشيرازي القاضي الشافعي (ت 756هـ) في «الفوائد الغياثية، وكتبه لغياث الدين محمد بن سلطان الوزراء، ويقدم الحسين

بن محمد بن عبد الله الطيبي (ت 743هـ) كتابه البلاغي «التبيان في البيان» مضمناً فيه «من مباحث المفتاح ما كان أصولها، ومن منافس الكشاف ما آض محصولها، [ورشحه] بما في المصباح والإيضاح من النوادر [ووشحه] بزبدة النهاية والمثل السائر..»[5] وغيرها من الكتب البلاغية التي – كما أشرنا – بَنتْ صرحَ البلاغة، ولم تكن هذه الغزارة في التأليف ترفاً فكرياً، بل حاجة أملتها القضايا الملحة التي طُرحت على الباحثين في زمنها، منها ما هو مرتبط بسؤال الجمال ومنها ما هو مرتبط بأسئلة معرفية وجودية وفلسفية ودينية، وما يمليه تحليل الخطاب بصفة عامة؛ لذا لم تكن البلاغة علماً منفصلاً عن العلوم الأخرى، وهو كما رأينا مع السكاكي يرتبط بعلم الاستدلال ارتباطاً جدلياً، مثل ما يرتبط بالنحو وعلوم أخرى.

إن علاقة البلاغة بالعلوم الأخرى لا يمكن نفيها، بالرغم من أنّ كلّ علم لا بدّ أن يحدد موضوعه، نظراً للتداخل والابتلاع الحاصل، بحيث يصبح العلم جزءاً من علم آخر أو كلاً له. فاللسانيات في علاقتها بالسيميائيات، على سبيل المثال، تكشف عن ارتباط الجزء بالكل. ولا نريد إثارة علاقة البلاغة بالنقد وعلاقتها بالأسلوبية وبالتداوليات[6] وبالمنطق وعلم الاستدلال والنحو والصرف وعلم الكلام والفلسفة وغيرها من العلوم. لكن ما يهمنا هو عدم كفاية أي علم بذاته واستحالة استغنائه عن العلوم الأخرى، وهي خاصية تتقوى حسب كل علم وحسب العلماء والباحثين. والبلاغة من العلوم التي عرفت هذا التداخل بشكل ملحوظ، كما أنها لا تستقيم من دون علوم أخرى توظفها وتستند إليها في الاشتغال، وهو ما أشار إليه ابن حزم

الأندلسي بقوله: «ولا بدّ لمن أراد علم البلاغة من أن يضرب في جميع العلوم التي قدمنا من قبل هذا بنصيب [المنطق والفلسفة والنحو وعلم الشعر...] وأكثر هذا القرآن والحديث والأخبار وكتب عمرو بن بحر ويكون مع ذلك مطبوعاً فيه وإلا لم يكن بليغاً؛ والطبع لا ينفع مع عدم التوسع في العلوم»[7]؛ لذا عرفت البلاغة عبر التاريخ – سواء عند العرب أو غيرهم من الأمم، قديماً وحديثاً – المد والجزر في علاقتها بالعلوم والمباحث الأخرى، بين أن تتربع كجنس عالٍ على عرش علوم، وبين أن تشكل نوعاً تابعاً لعلوم أخرى. وما أشار إليه ابن حزم يدل على الجسور المرتبطة بالبلاغة، والتي تشكل خيوطاً رابطة بين البلاغة وعلوم مغذية للبلاغة، ومن جهة أخرى تكشف عن ثقافة البلاغي التي ينبغي أن تكون موسوعية. كما أن العلوم المتداخلة أو المساعدة للبلاغة تسهم في بناء المعنى الذي نعتبره قطب الرحى لكل دراسة، ممّا يجعل ارتباط البلاغة بالدراسات الثقافية غير خافٍ على من يتعمق في البحث البلاغي، واعتبار هذه العلاقة بين البلاغة والثقافة من العلائق المهمة، بل والحيوية التي تعطي للبلاغة عند ممارستها في القراءات النقدية ومقاربة النصوص بعداً ثقافياً عميقاً. و«أشار الفيلسوف الفرنسي رونالد بارت ضمن ورقته المكرسة عن البلاغة القديمة، لملاحظة كان على صواب فيها، هي أنه: «ينبغي قراءة البلاغة ضمن اللعبة البنيوية لملحقاتها من علم قواعد اللغة Grammaire؛ والمنطق؛ والشعرية Poétique والفلسفة». ومن جانبي، [بريلمان] أودُّ أن أضيف، أنه من أجل تحديد موقع البلاغة وتعريفها بشكل أفضل، ينبغي أيضاً توضيح علاقاتها مع الديالكتيك على حد سواء»[8]. والإشارة إلى علاقة البلاغة بالعلوم الأخرى ربما

تبدو بدَهية، وهي قريبة إلى ما أكّده البلاغيون العرب من ارتباط البلاغة بالنحو وعلم الاستدلال، وهو ما انتهى إليه السّكاكي بشكل أوضح في مفتاحه، أو في الإشارة القيّمة لحازم القرطاجني التي يؤكد فيها أنه «لا بد لمن أراد علم البلاغة من أن يضرب في جميع العلوم – التي قدمنا من قبل – »[9]، وهي إشارة لم تُلتقط بما يكفي من الدراسة والتحليل، خاصة في إشارته إلى الفلسفة والمنطق والنحو وعلم الشعر وغيرها من العلوم، وربما لم يعتنِ البحث البلاغي بهذه العلاقة بشكل أعمق. ومن جهة أخرى نرى أن هناك علاقة بين البلاغة والثقافة، وهي نفس العلاقة القائمة بين اللغة والثقافة، باعتبار اللغة المكون الأساس الناسج للخطاب / والنص، وبالتالي فإن البلاغة باعتبارها فهماً وتفسيراً وتأويلاً وتقويماً للغة، وبحثاً عن المعنى ومعنى المعنى، واحترازاً من الخطأ في المقام، ومقتضى الحال، وفي البيان، ومستوى الجمال، ومكمن الإعجاز... لا بدّ أن تعكس الثقافة، وأن تكون الثقافة ثاوية فيها، وخلفية للممارسة البلاغية، باعتبارها الوجه الثاني لعملة الخطاب موضوع البلاغة، وعملية التأويل تعكس بشكل من الأشكال النسق الثقافي، ومعرفة الوعي البلاغي لمجموعة بشرية ما، نخبة فئة بلد.. يعني معرفة النسق الثقافي لهذه المجموعة، كما أنّ البحثَ عن الأنساق الثقافية للبلاغة العربية، يمكن أن تكشف لنا خلفيات التأويل، وخلفيات المعايير التي سنّتها البلاغة العربية للشعر خاصة والأجناس والأنواع الأدبية عامة؛ فعلى سبيل المثال: هل تسمح البلاغة باعتبارها حفظاً للمقام ومراعاة للسياق أن يتساوى المخاطب في المقام، فالأمر – مثلاً – طلب فعل على وجه الاستعلاء، لكن المقامات تغير من خاصيته وتجعله التماساً ورجاءً وغيرها من المعاني المحدّدة بوضعية

المتلقي في علاقته بالمتكلم؛ فما يصدر عن الله / الأعلى، لا يمكن إلا أن يكون أمراً، وما يوجه إلى الله من العبد لا يمكن أن يكون أمراً بل التماساً وتضرعاً وابتهالاً وخروجاً عن المعنى الحقيقي للأمر، كما أن المعنى بالنسبة للبلاغة شكل بؤرة الاهتمام وأعز ما يطلب من التحليل، وهو ما تشير إليه الدراسات الحديثة باختلاف مشاربها ومدارسها، فبول ريكور – مثلاً – يشير إلى أن النصوص الأدبية تتضمن «آفاق معنى ضمنية، يمكن تحقيقها بطرق مختلفة. وترتبط هذه السمة ارتباطاً مباشراً بدور المعاني الاستعارية والرمزية... يمكن وصف نظرية الاستعارة ونظرية التعبيرات الرمزية لتقديم امتداد حاسم لميدان التعبيرات ذات المعنى، بإضافة إشكالية المعنى المتعدد لإشكالية المعنى عموماً. فالأدب يتأثر بهذا الامتداد إلى درجة أنه يمكن تعريفه بمصطلحات دلالية من خلال العلاقة بين المعاني الأولية والمعاني الثانوية فيه. والمعاني الثانوية، كما في حالة الأفق، تحيط بالموضوع، وتفتح العمل على قراءات متعددة، بل يمكن القول إنّ هذه القراءات محكومة بتوجيهات المعنى الذي ينتمي لهوامش المعنى الضمني المحيط بالنواة الدلالية للعمل، لكن هذه التوجيهات أيضاً يجب أن تخمن قبل أن تحكم عمل التأويل»[10]. والشعر من الخطابات الأدبية التي يلتبس فيها المعنى، أو تتعدد فيه القراءات، وتصبح أي قراءة أو مقاربة لا بدّ أن يكون المعنى أهم ما تتوخاه أي دراسة، كيفما كانت خلفيتها واتجاهها. ونظرية المعنى في البلاغة العربية من النظريات التي – وإن كانت مشتتة – أطرت مستويات الاشتغال على النص، والنص الشعري خاصة، والمعاني بتعبير صاحب الموازنة: «هي المقصد والمرمى والغرض»[11].

2 - الشعر بلاغة، أو بلاغة الشعر:

ألا يمكن القول إنّ الشعر بلاغة، على غرار ما حُدّدت البلاغة في سياقات متعددة، خاصة مع صاحب العمدة، وتعددت مفاهيمُها وتشعبت بين الأمم، أو مثل ما قيل عن الشعر أنه تخييل[12]، أو صناعة أو تصوير، «فَإِنَّمَا الشِّعْرُ صِنَاعةٌ وضَرْبٌ منَ النَّسْجِ، وجِنْسٌ منَ التَّصْوِير»[13] أو كما ذهب إليه ابن رشيق أن «الشِّعْرَ إلاَّ أَقَلَّهُ رَاجِعٌ إِلَى بَابِ الوَصْف... وَأَحْسَنُ الوَصْفِ مَا نُعِتَ بِهِ الشَّيْءُ حَتَّى يَكَاد يُمَثِّلُهُ عِيَاناً لِلسَّامِع... وَقَالَ بَعْضُ الْمُتَأَخِّرِينَ: أَبْلَغُ الْوَصْفِ مَا قَلَبَ السَّمْعَ بَصَراً»[14] هذا إذا فهمنا البلاغة بمفهوم ضيق؛ لأنها تشمل على صناعتي الشعر والخطابة / النثر، ولما كان الشعر والخطابة يشتركان في مادة المعاني ويفترقان بصورتي التخييل والإقناع..[15] ولا أظن أنّ الشعر – خاصة – انفصل عن البلاغة، فهُما متلازمان ضمنياً، دون نفيها من النثر، فمع الشعر نتجاوز الكلام العادي، للتطلّع إلى أعلى مراتب ومقامات البلاغة، ولا يمكن إنتاج الشعرية في غياب البلاغة، بلْ إن البلاغة – في مجملها – تأسّست على الشعر واستُنبطت مفاهيمُها منه، مثله مثل العروض وموسيقاه بصفة عامة؛ لأن غاية الغايات منه البلاغة. ولا يعني الشعر بلاغة، إلغاءً لمكونات شعرية أخرى؛ مثل التخييل والتصوير والموسيقى، وهو ما يدفع البعض إلى التقليل من مكون ما على حساب الأخر، في صناعة الشعر خاصة لمّا يصبح المكون محنّطاً للشعر، مهيمناً عليه، محدداً لتشكّله ولهويته، بل إن البلاغة غير منفصلة عن الموسيقى والتصوير والصناعة والمعنى والتخييل.. وتبيّن مع توسّع الدراسات المحدّدة لمفهوم الشعر

وتطوره، أنّ جلّ المكونات يمكن أن تصبح عرضية بحسب المنظور والرؤية إليه. ومنذ القديم، نجد هذه الالتفاتات كما في إشارة صاحب المفتاح، معتمداً على من سبقه، حيث ينبّه إلى أن «الشعر عبارة عن كلام موزون مقفى، وألغى بعضهم لفظ: المقفى، وقال: إن التقفية، وهي القصد إلى القافية ورعايتها، لا تلزم الشعر، لكونه شعراً بل لأمر عارض، ككونه مصرعاً، أو قطعة أو قصيدة..»[16]. وكذلك مع حازم القرطاجني في كتابه «منهاج البلغاء» الذي أقامه على التخييل، والتخييل قائم في الشعر «من أربع أنحاء: من جهة المعنى، ومن جهة الأسلوب، ومن جهة اللفظ، ومن جهة النظم والوزن»[17]. وهذا الربط بين الوزن والتخييل أو اعتبار الوزن أحد عناصر التخييل الشعري، تجعل الوزن لا ينفصل عن البلاغة، بل إن حازم من الذين نبّهوا إلى علاقة الوزن بالغرض، وأفاض الحديث فيه، إلى الحدّ الذي يمكن القول معه إنه التنظير النقدي العربي لعلاقة المعنى بالوزن، وفي ربطه بين الغرض والوزن يقول: «ولما كانت أغراض الشعر شتّى، وكان منها ما يقصد به الجدّ والرصانة وما يقصد به الهزل والرشاقة، ومنها ما يقصد به البهاء والتفخيم وما يقصد به الصّغار والتحقير، وجب أن تحاكى تلك المقاصد بما يناسبها من الأوزان ويخيلها للنفوس... وكان شعراء اليونان يلتزمون لكل غرض وزناً يليق به ولا تتعداه فيه إلى غيره». والناقد ينظر للشعرية العربية يحاول أن يجعل من الشعر أيضاً ظاهرة إنسانية، لا ترتبط فقط بالعرب، فهو يحيل إلى اليونان، الذين كانوا أكثر وضوحاً في هذا الباب (انظر المنهاج)، ونبّه البعض أن الوزن ليس جوهرياً للشعر، وهو ما استقرت عليه بعض الدراسات الحديثة، عندما وقع التجديد في البينية الإيقاعية للشعر،

و«لعل المعنيين عميقان بالشعر العربي ومسيرته التاريخية يعرفون جميعاً أن تحديده بمجرد الوزن / القافية، أخذ يضطرب منذ القرن العاشر، خصوصاً في الدفاع النقدي الذي قام به الصولي انتصاراً لشعرية أبي تمام، وفي آراء الجرجاني، فقد نشأ ميل إلى التشكيك في أن يكون مجرد الوزن والقافية مقياساً للتمييز بين الشعر والنثر وإلى جعل اللغة الشعرية، أو طريقة استخدام اللغة، مقياساً في هذا التمييز. وتقسيم المعنى عند الجرجاني إلى نوعين: تخييلي وعقلي، دليل بارز؛ فحيث يكون النص قائماً على المعنى الأول يكون، في رأيه، شعراً، وحيث يكون قائماً على المعنى الثاني، لا يكون شعراً، وإن جاء موزوناً مقفى. غير أن هذا لا يعني، بالضرورة، رفض الوزن / القافية، أو التخلي عنهما، وإنما يعني أنهما لا يمثلان وحدهما حصراً، الشعرية ولا يستنفذانها...»[18] والإشكال في تحديد الشعر مردّه بالأساس تحديد مكون إنتاجية الشعرية في النص / القصيدة. وقد أبانت تجربة قصيدة النثر في الشعر العالمي والعربي أنّ إنتاجية الشعرية لم يعد يُنظر إليها في وصفة أو إطار أو قالب موسيقي محدّد سَلفاً. وهنا يمكن القول إنّ إنتاجية الشعرية تكمن في البلاغة كطاقة وآلية منتجة للشعرية، بل مفجرة لها.

وثنائية الشعر والنثر من حيث الخصائص، تناولها النقد بشكل موسّع، سواء العربي أو الغربي ليس من منظور أجناسي أرسطي: جنس الشعر وجنس النثر، بل من حيث الخاصية المميزة لكل منهما، ويجمع النقد العربي – كما ذهب ابن طباطبا (ت 322 هـ) – على أنّ الشعرَ «كلام منظوم، بائن عن المنثور الذي يستعمله الناس في

مخاطباتهم، بما خُصّ به من النظم الذي إن عُدل عن جهته مَجَّتْه الأسماع، وفسد على الذوق»[19]. أو ما قدّمه صاحب منهاج البلغاء، حيث تناول: «الإبانة عما به تتقوم صنعتا الشعر والخطابة من التخييل والإقناع، والتعريف بأنحاء النظر في كلتا الصنْعتين..»، ونظراً للتطور الذي عرفه الشعر، يرى وجوب وضع «القوانين أكثر مما وضعت الأوائل»[20] ليخلص في دراسته للشعرية العربية مقارنة بينها وبين الخطابة إلى أن ما «كان الأقاويل القياسية مبنياً على تخييل وموجودة فيه المحاكاة فهو يُعدّ قولاً شعرياً، سواء كانت مقدماته برهانية أو جدلية أو خطابية يقينية أو مشتهرة أو مظنونة، وما لم يقع فيه ذلك بمحاكاة فلا يخلو من أن يكون مبنياً على الإقناع وغلبة الظن خاصة، أو يكون مبنياً على غير ذلك، فإن كان مبنياً على الإقناع خاصة كان أصيلاً في الخطابة دخيلاً في الشعر سائغاً فيه، وما كان مبنياً على غير الإقناع مما ليس فيه محاكاة فإنّ وروده في الشعر والخطابة عبث وجهالة سواء..»[21] ونفس الإشارة نجدها في النقد الغربي الذي يشير إلى «أنّ المفهوم المادي للشعر يتعارض مع مفهوم النثر، حيث يتميّز الشعر بلغة خاصة ترتبط به ارتباطاً وثيقاً في الوقت الذي كانت فيه الدراسات التقليدية تفصل قضية اللغة والأسلوب في الشعر عن مثيلتها في النثر، فالشعر هو بناء تكون كافة عناصره على علاقة مشتركة مع بعضها بعضاً، كما ينبغي دراسة عناصر الأسلوب المعمول بها حتى الآن كلٌ على حدة، والقضية الرئيسة تبقى قضية التغيرات النوعية التي تصيب دلالة الكلمات ومعناها تينيانوف للبناء (الشعري) تلتقي مع هموم مجموعة الشكليين حول كون الفن هو أيضاً حياة، ولا ضرورة للبحث عن فوائده؛ لأننا لا نبحث عن

فائدة الحياة، وحينما يتسرب اليومي إلى الأدب فإنه يتحوّل إلى أدب، وعلينا أن نقيّمه على أنه واقعة أدبية»[22]، وهذه المقارنة بين الشعر والنثر، على مستوى الخصائص، تكاد لا تخلو منها دراسة بحثت في المفهومين، وحاولت جلّها تجاوز التحديد الذاهب إلى الفصل بين النثر الفني والشعر، بالوزن، وأن الشعر مجرد نثر للشعر، والشعر نظم للنثر، ويمكن اعتبار ما ذهب إليه شكلوفسكي في «نظرية النثر» وبحثه عن القوانين الداخلية له، إلى أن «الطابع الأدبي والانتماء إلى الشعر يصدران عن شكل ما منْ أشكال الفهم لدينا؛ لذا فإن الأعمال الأدبية هي تلك التي يستخدم فيها المؤلف طرائق نوعية تهدف إلى تأمين الحدّ الأقصى من التأكيد على أنها فُهمت كأعمال أدبية، وكغيره من الشكلانيين الروس يؤكد شكلوفسكي أن لغتي الشعر والنثر تخضعان إلى قوانين مختلفة..»[23].

وأخذ الشعر في جميع العصور مكانة مرموقة، سواء في القبيلة أو الجماعة أو البلاط أو الدولة أو في المحافل والمناسبات، وحتى داخل البيوت بين الرجال والنساء والأطفال، وشكّل أهم ركيزة من ركائز الثقافة العربية؛ لذا اعتبرناه بلاغة لِما له من تأثير في حياة الناس، وما له من سلطة رمزية في المجموعات، وبذلك أخذ الشعراء مكانة عند الناس وخاصة لدى السلطة، بل أصبح سلطة موازية رمزية، كسلطة الحِجاج عند اليونان وعند البلاغيين الجدد، مع بريلمان ومشيل مايير وغيرهما. وعبْر العصور نكاد لا نجد مؤلفاً من المؤلفات يخلو من الشعر، ولا نجد من الولاة والأمراء والحكام من لا يهتم بالشعر في المشرق والمغرب والأندلس، فهذا عمر بن الخطاب عندما أوصى ابنه عبد الرحمن خاطبه بقوله: «يا بني صِلْ رحمك، واحفظ محاسن

الشعر يحسن أدبك؛ فإنه مَنْ لمْ يصل رحمه، ومن لم يحفظ محاسن الشّعر لم يؤدّ حقاً ولم يغترف أدباً»[24]؛ بمعنى أن الشعر حامل للقيم، وأخذ في العصر الحديث ريادة على مستوى الخطاب النهضوي ومنبراً للتغيير، وشكْلاً من الأشكال الحاملة للمذاهب والاتجاهات الحديثة، كلاسيكية رومانسية، حداثية. واستطاع الشعر أن يصل الماضي/التراث، بالحاضر/الحديث، وأن يُحيي الماضي ويُعيد تشكيل صورِه وهندسة بنائه، كما أن الخطاب السياسي وجد فيه ما يؤثّر في الجماهير، كما حصل في بداية الصراع السياسي الديني في العصر الأموي، مع الشيعة والخوارج خاصة، ووجد فيه الخطاب الديني والصوفي، ما يصل إلى القلوب ويميلها إليه، كما حصل لشعر الغزل العذري. وقلنا إنّ الشعر بلاغة، لِما لهما من تأثير في الإنسان والمجتمعات، يُعليان أشخاصاً وأقواماً كما يحطّان آخرين، كما كانت لهما قدرة على تحويل وتغيير مسار معين، والملاحظ أن الحديث بالمثنى عنهما يستقيم لوحدة الفعل، ونفرد الشعر تفادياً لهذا التوحيد، فقد استُخدم في إيقاظ الحروب وفي إخمادها، كَما وُظّف في التأثير على الحكام والقادة لقضاء الحوائج، ومنها أخْذ الحقوق. وقد روي أن الرسول صلى الله عليه وسلم دمعت عيناه لما استنجد به وناشده عمرو بن سالم الخزاعي، لما أغارت عليهم قريش وخرقت الهدنة، فقال:

يا ربِّ إني ناشدٌ محمدا ... حلفَ أبينا وأبيه الأتلدا

قَد كُنتُم وَلدًا وكُنّا وَالِدا ... ثُمّت أسلمنا فلم ننزع يدا

في فَيلقٍ كالبَحرِ يجري مزبدا ... إن قُريشًا أخلَفُوكَ المَوعِدا

....

وَزَعَمُوا أَنْ لَسْتُ أَدْعُو أَحَدَا　　　وَهُـمْ أَذَلُّ وَأَقَـلُّ عَـدَدَا

هُـمْ بَيَّتُونَـا بِالْوَتِيـرِ هُجَّدًا　　　وَقَتَلُونَـا رُكَّعًـا وَسُـجَّدَا

... قال: فدمعت عينا رسول الله صلى الله عليه وسلم، ونظر إلى سحابة قد بعثها الله. فقال: والذي بعثني بالحق نبيا، إن هذه السحابة لتستهل بنصر بني كعب وخرج بمن معه لنصرهم[25].

وفي ميل القلوب ونفورها، بل حتى في إقامة حق أو إبطاله. كما نجد مع السفسطائيين الذين انتقدهم أرسطو في هذه النقطة بالذات ولولا ارتباطه بالبلاغة لما التقى معها في هذه الغايات. ويفسر صاحب منهاج البلغاء السبب «في حسن موقع المحاكاة من النفس من جهة اقترانها بالمحاسن التأليفية فهو أنه لمّا كان للنفس في اجتلاء المعاني في العبارات المستحسنة من حسن الموقع الذي يرتاح له ما لا يكون لها عند قيام المعنى بفكرها من غير طريق السمع، ولا عند ما يوحي إليها المعنى بإشارة، ولا عند ما تجتليه في عبارة مستقبحة، ولهذا نجد الإنسان قد يقوم المعنى بخاطره على جهة التذكر، وقد يشار إليه، وقد يلقى إليه بعبارة مستقبحة فلا يرتاح له في واحد من هذه الأحوال، فإذا تلقاه في عبارة بديعة اهتزّ له وتحرّك لمقتضاه، كما أن العين والنفس تبتهجان لاجتلاء ما له شعاع ولون من الأشربة التي تشفّ عنها كالزجاج والبلوّر ما لم تبتهج إذا عرض عليها في آنية الحنتم؛ وجب أن تكون الأقاويل الشعرية أشدّ الأقاويل الشعرية تحريكاً للنفوس، لأنها أشدّ إفصاحاً عمّا به علقة الأغراض الإنسانية»[26]. وهو نصّ

مكثف لا يمكن تقطيع اتساقه وانجامه، فما يرده الناقد هو الكشف عن تأثير الشعر في النفوس، وهو ما عبّر عنه في سياقات متعددة بتأثير الأقاويل الشعرية في النفوس، وهذا التأثير الذي يحاول تعليله الناقد، مردّه بالأساس القوانين الداخلية للشعر، أو ما عبّر عنه بالشعرية في النقد الحديث، خاصة بمفهوم صاحب الشعرية كوهن. ويميّز صاحب منهاج البلغاء بين الأقاويل من حيث التأثير النفسي، بأن «ما سوى الأقاويل الشعرية في حسن الموقع من النفوس مماثلاً للأقاويل الشعرية؛ لأن الأقاويل التي ليست بشعرية ولا خطابية ينحى بها نحو الشعرية لا يحتاج فيها إلى ما يحتاج إليه في الأقاويل الشعرية»[27]. ولكن هذه النصوص المبتورة من سياق المشروع الذي يقدّمه الناقد قد تجعل بعض المكونات الأخرى مغيّبة، فينبه الناقد إلى أن المسألة لا ترتبط فقط بالأقاويل أو الخطاب، أو حتى بالنسبة للمتكلم / المبدع، بل إن المتلقي يدخل في هذه العملية، ويشترط السجلماسي الاستعداد الذي يقيم عليه التأثير والتأثر، «فتحرّك النفوس للأقوال المخيّلة إنّما يكون بحسب الاستعداد، وبحسب ما تكون عليه المحاكاة في نفسها، وما تدعّم به المحاكاة، وتعضّض مما يزيد به المعنى تمويهاً والكلام حسن ديباجة من أمور ترجع إلى لفظ أو معنى أو نظم أو أسلوب». ويقسم الاستعداد إلى ما يرتبط بهوى المتلقي، وما يرتبط باعتقاده في الشعر ويستشهد في الأول بالمتنبي:

إنّـــما تنفـــعُ الـــمقالةُ فـــي المـــرْ

ءِ، إذا وافقــتْ هَوًى فـــي الفؤادِ[28]

ولهذه الأسباب كانت للشاعر مقامة رفيعة في المجتمعات والأمم،

إلى الحدّ الذي نزلوه كما يرى ابن سينا «مزلة النبي فينقادون لحكمه ويصدّقون بكهانته»[29]. وأخذ التفاخر بالشعر بعداً ثقافياً واجتماعياً؛ لذا أصبح منذ نشأته وفي عصر ما قبل الإسلام موضوعاً للمفاضلة، كما في احتكام امرئ القيس وعلقمة إلى أم جندب، وتفضيلها لأبيات علقمة. والملاحظ أن هذه الوقفة النقدية التي تناقلتها المصادر ومن بعدها مراجع النقد العربي القديم، امتدّتْ وانتقلت إلى النقاد، فهذا ابن طباطبا يستدلّ على الشعر القاصر عن الغايات، والخلل في المعنى، بقول امرئ القيس:

فللسَّـوط أُلهـوبٌ وللسَّـاق دِرَّةٌ

وللزَّجـر منــه وَقْــعُ أخْـرجَ مُهذِب

وعلّق عليه: «فقيل له: إن فرساً يحتاج إلى أن يستعان عليه بهذه الأشياء لغير جواد»[30].

كما جعل الشعرُ موضوعَه الشعرَ، وهو ما نجده عند العديد من الشعراء كزهير بن أبي سلمى في قوله: [من الطويل]

فمن للقوافي شـأنها مَنْ يحوكُـها

إذا ما ثَـوى كعب وفـوّز جـرولُ

كفيتُـك لا تلقـى من النّاسِ واحـدا

تنخّـل منهـا مثـل مـا تتَنَـخل

نُثقـفها حتـى تليـن مُتُونهـا

فيَقْصرُ عنــها كلُّ مــا يتمثـل[31]

وتحكيم النساء الشواعر في شعرية الشاعر أو أبيات من شعره، كثيرة، أورد صاحب مفتاح العلوم تحت عنوان: «دهاء نساء العرب وفطنتهن» بعض الآراء النقدية الدالة على تذوق الشعر، ومنها ما أورده للخنساء لما أنشدت واحدة البيت:

لَنا الجَفَنــاتُ الغُرُّ يلمعــنَ بالضّحى

وأســيافنا يقطــرنَ مــن نجـدةٍ دما

«فقالت: أي فخر يكون في: أن له ولعشيرته ولمن ينضوي إليهم، من الجفان ما نهايتها في العدد عشر. وكذا من السيوف؟ ألا استعمل جمع الكثرة: الجفان، والسيوف؟ وأي فخر في أن تكون جفنه، وقت الضحوة، وهو وقت تناول الطعام، غراء لامعة، كجفان البائع؟ أما يشبه أن قد جعل نفسه وعشيرته بائعي عدة جفنات؟ ثمّ أنى يصلح للمبالغة في التمدح بالشجاعة، وأنه مقامها: يقطرن دماً؟ كان يجب أن يتركها إلى أن: يسلن أو يفضن أو ما شاكل ذلك»[32].

والحديث عن الشعر العربي حديث عن الذات العربية كهوية، وبالرغم من التحولات التي عرفها الشعر عبر قرون، بدءاً من عصر ما قبل الإسلام إلى يومنا هذا، فإن حضوره في كيان وهوية الإنسان العربي له وضع متميز وتأثير خاص. ففي البداية شكّل الشعر وجود الإنسان العربي في الصحراء، ثم رسم هويته الثقافية، واعتُمِد فيما بعد مصدراً من مصادر تقعيد اللغة، وبناء علم النحو، وعلم المعاني والبيان والبديع، فقد روي عن ابن عباس قوله: «إذا تعاجم شيء من القرآن فانظروا في الشعر، فإن الشعر عربي»، وكان البحث

في الشعر عند معظم الدارسين من هذا المنطلق، فصاحب الجمهرة بحث في القرآن من خلال الشعر، فهو يربط بين ما جاء في القرآن وما سبقه من الشعر، ويدافع عن عربية القرآن في غياب وجود للغة أخرى تتخلله «فمن زعم أن في القرآن غير العربية فقد افترى..»[33] ويثير الانتباه إلى أنّ القرآن تضمن ما في كلام العرب، ليقرّب إلى الأفهام ما استعمل مجازاً و«من اللفظ المختلف ومجاز المعاني؛ فمن ذلك قول امرئ القيس [بن حجر الكندي]:

قِفَـا فَاسْـألَا الأطـلالَ عَـنْ أُمّ مالك

وَهَـلْ تُخْبِرُ الأطـلالُ غَيْـرَ التّهَالُكِ

فقد عُلم أن الأطلال لا تجيب إذا سئلت؛ وإنما معناه: قفا فاسألا أهل الأطلال، وقال الله تعالى: واسأل القرية التي كنّا فيها. يعني أهل القرية»[34].

ومن الملاحظ أن تناول الشعر من حيث قيمتُه، ومراتبُه في سلّم القيم الإبداعية، كانت تتقيد بضوابط نقدية عديدة، ومنها جانب التناسب وكأن المنطق حكمهم منذ بداية الخوض في المقارنة بين إبداع وإبداع، حيث نجد التناسب في المقارنة والمفاضلة تأسّس عليه الاشتغال على الشعر، وهو ما نستشفه في المفاضلة بين امرئ القيس وعلقمة، فيما سمي في النقد بقضية أم جندب، حيث انطلقت في المفاضلة بينهما في وصفهما لفرسهما[35]. ونبّه المبرد إلى ضرورة التناسب في الموازنة بين الأشعار في قوله: «وهذا في باب المدح حسن ومتجاوز ومبتدع لم يسبق إليه، على أن الشاعر... وليس شعرُ نُصيب هذا الذي ذكرناه

في المدح أجود من قول الفرزدق في الفخر، وإنما يُفاضل بين الشيئين إذا تناسبا»[36].

ومفهوم التناسب ينتقل إلى البلاغة، حيث إن تتبع الموازنات بين الشعراء، ومن أهمها موازنة الآمدي، ووساطة القاضي الجرجاني، يفضي بنا إلى هذا الاستنتاج، حيث كانت وقفات النقاد على أشعار الشعراء، من حيث التناسب، على مستوى الظاهرة البلاغية.

3 - البلاغة ورحلة الكشف عن معاني الخطاب الشعري:

تنصّ جلّ التحديدات التي قدّمت للبلاغة على الفهم، وتكاد تحصره في المعنى. وقد أورد ابن رشيق العديد من التحديدات لتمثّل البلاغة، ترتبط جلّها بالكشف عن المعنى، وإيصاله إلى المتلقي، وأصبح الحديث عن المبنى حاملاً للمعنى، كما أن بحث التواؤم بينهما، هو بحث بلاغي، في الإفهام والإقناع والتأثير. فحسب ما يَروي صاحبُ العمدة، «قال عبد الله ابن محمد بن جميل المعروف بالباحث: البلاغة الفهم والإفهام، وكشف المعاني بالكلام، ومعرفة الإعراب والاتساع في اللفظ، والسداد في النظم، والمعرفة بالقصد، والبيان في الأداء، وصواب الإشارة، وإيضاح الدلالة، والمعرفة بالقول، والاكتفاء بالاختصار عن الإكثار، وإمضاء العزم على حكومة الاختيار. قال: وكلّ هذه الأبواب محتاج بعضها إلى بعض كحاجة بعض أعضاء البدن إلى بعض، لا غنى لفضيلة أحدها عن الآخر..»[37] وحتى عندما استقرّ تحديد البلاغة تحديداً علمياً، لم يبعد البلاغة عن كشف المعنى، فكما أشار محمد عبده من استقراء البلاغة العربية أنها «ليست

البلاغة في الحقيقة إلا ملكة البيان، وقوّة النفس على حسن التعبير عمّا تريد من المعنى، لتبلغ من مخاطبها ما تريد من أثر في وجدانه يميل به إلى الرغبة فيما يرغب عنه، أو النفرة مما كان يميل إليه، أو تمكين ميل إلى مرغوب، أو تقرير نفرة من مكروه، أو تحويل في اعتقاد، أو تغيير لعادة، أو ما يشبه ذلك مما يقصد بالخطاب، وذوق النفس كذلك لمحاسن ما تسمعه، أو وجوده النقد فيما يلقى إليها؛ هذه هي البلاغة في حقيقة الأمر»[38]. ولا يمكن عزل المعنى عن السياق اللغوي والفكري، وهو ما عبّرت عنه كلّ الآراء النقدية التي واكبت الشعر منذ ظهوره، ثمّ تطوّرت هذه الآراء لتصبح تصورات ومفاهيم ومصطلحات تنتظم داخل نسق فكري، خاصة بعد أن خاض الفكر الإسلامي في المعنى البلاغي، عبْر التأويل، من وجهات نظر الفرق الإسلامية، ومن خلال علاقة المعنى باللفظ والكلام، وأيضاً بالدلالة، وخاصة النظرية السياقية التي ركزت على السياق في تحديد المعنى، فيرى «أنصار النظرية السياقية للاستعارة أن الكلمة لا يمكن أن تفهم إلا من خلال السياق، وعلاقتها مع الكلمات الأخرى، وللسياق أهمية كبيرة في تحديد المعنى وتوجيهه، ومعظم الكلمات من حيث المفهوم المعجمي دالة على غير معنى، فالذي يحدد المعاني ويفصلها هو السياق في مورد النص، ويحدد السياق معنى الوحدة الكلامية..»[39].

*** المعنى لغة:**

المستوى اللغوي يضيء ما الارتحال إلى الاصطلاح، وتتفق المعاجم العربية على مفهوم المعنى، من فعل «عنى» الذي يفيد

الإظهار والإبداء، و«عَنَتِ الأَرْضُ بِالنَّبَاتِ: أَظْهَرَتْهُ.. وعَنَى بِقَوْلِهِ كَذَا: أَرَادَهُ، قَصَدَهُ عَنَى بِأَقْوَالِهِ بَعْضَ الْحَاضِرِينَ»[40].

والمقصود بـ«عَنَاهُ الأَمْرُ: شَغَلَهُ، أَهَمَّهُ، مِنْ حُسْنِ إِسْلاَمِ الْمَرْءِ تَرْكُهُ مَا لاَ يَعْنِيهِ». ولا تبتعد المعاجم: القاموس المحيط ولسان العرب وغيرهما عن هذه التحديدات اللغوية، وتضيف المعاجم المعاصرة المضمون والفحوى والدلالة والتصور الذهني لتبقى التحديدات الأخرى مرتبطة بحقول معرفية، فقهية بلاغية فلسفية، وهي أقرب إلى الاصطلاح.

* المعنى في اصطلاح النقاد/ البلاغيين:

من النقاد الذين تناولوا مفهوم المعنى، صاحب المنهاج، حيث يعرفه بصيغة الجمع بقوله: «إن المعاني هي الصور الحاصلة في الأذهان عن الأشياء الموجودة في الأعيان، فكلّ شيء له وجود خارج الذهن فإنه إذا أدرك حصلت له صورة في الذهن تطابق لما أدرك منه، فإذا عبّر عن تلك الصورة الذهنية الحاصلة عن الإدراك أقام اللفظ المعبّر به هيئة تلك الصورة الذهنية في أفهام السامعين وأذهانهم، فصار للمعنى وجود آخر من جهة دلالة الألفاظ. فإذا احتيج إلى وضع رسوم من الخطّ تدلّ على الألفاظ من لم يتهيأ له سمعها من المتلفِّظ بها صارت رسوم الخطّ تقيم في الأفهام هيئات الألفاظ فتقوم بها في الأذهان صور المعاني، فيكون لها أيضاً وجود من جهة دلالة الخط على الألفاظ الدالة عليها»[41].

وبات ارتباط الشعر بالمعنى مسألة بدهية في كل الدراسات التي

تناولت الشعر، وهو ما عبّرت عنه تحديدات الشعر، ليصبح المعنى المكون الأساس للشعر. «والشعر هو ما إن عُرّيَ من معنى بديع لم يعرّ من الديباجة، وما خالف هذا فليس بشعر. ومن أحسن المعاني والحكايات في الشعر وأشدِها استفزازاً لمن يسمعها، الابتداء بذكر ما يعلم السامع له إلى أي معنى يساق القول فيه قبل استتمامه، وقبل توسط العبارة عنه، والتعريض الخفيّ الذي يكون بخفائه أبلغ في معناه من التصريح الظاهر الذي لا ستر دونه..»[42]؛ وبذلك يكون الناقد – اعتماداً على من سبقه، خاصة الفلاسفة المسلمين، وكذلك الجاحظ – قدّم لنا تحديداً تصورياً لمفهوم المعنى أو المعاني صوراً في الأذهان تعبر عن أشياء موجودة في الواقع، وبهذا يتبين – على حدّ تعبيره – «أن المعاني لها حقائق موجودة في الأعيان ولها صور موجودة في الأذهان ولها من جهة ما يدلّ على تلك الصور من الألفاظ وجود الأفهام، ولها وجود من جهة ما يدل عليه تلك الألفاظ من الخط...»[43].

وحاول البلاغيون الكشف عن المعاني في علاقتها بالقول والكلام، ومفهومها الظاهر والخفي، متأثرين بعلم الكلام، وتصورات المتكلمين المتباينة حول المعنى القديم قدم الذات الإلهية، وحداثة المعنى باعتبار اللفظ أو الكلام، ومفهوم المعنى النفسي والمعنى اللفظي، وغيرها من الإشكالات التي حاول المتكلمون حلّ إشكال القرآن محدثاً أو أزلياً، قديماً. فابن المدبر يرى أن المعاني «وإن كانت كامنة في الصدور، فإنها مصورة فيها، ومتصلة بها، وهي كاللآلئ المنظومة في أصدافها، والنار المخبوءة في أحجارها، فإن أظهرته من أكنانه وأصدافه، تبين

حسنه (كذا) وإن قدحت النار من مكامنها وأحجارها انتفعت بها، وإلا بقيت محجوبة مستورة»[44] :فهي بحسب ابن المدبر «خفية خفاء الروح وظاهرة ظهور الجسد».

*** البلاغة والمعنى: (وحدة ثلاثية السكاكي):**

كلّ نظرية تحاول إبعاد المعنى، لا تصمد، كما فعل شومسكي في دراسته للغة، في إطار اللسانيات التوليدية، خاصة في نموذج 57، حيث أعطت الدراسة اللسانية للجملة إلى قبول جمل على المستوى التركيبي مقبولة، مثل: أكل الفأر القط، لكن إخضاعها للمعنى يبين عدم صحتها من هذه الناحية. وكذلك الشأن بالنسبة للبلاغة، التي لا يمكنها الاشتغال على موضوعها من دون أن تجعل المعنى مدار بحثها؛ لذا كان مبحث المعاني في البلاغة العربية، والغربية كذلك، من المباحث الأساسية في البلاغة، حتى جعل بعضهم إطلاق المعاني على البلاغة، أو تناول البلاغة خارج ثلاثية السكاكي، عودة بها إلى عبد القاهر الجرجاني ومن قبله، أو ربطها بالمرجعية الفلسفية البلاغية اليونانية، خاصة مع الفلاسفة العرب، ابن سينا، ابن رشد، الفارابي، وحتى الذين حددوا البلاغة من خلال ثلاثية السكاكي، نجد الائتلاف بين المباحث، والتكامل يظهر في مضامين المباحث، وفي التصور المحدد لكل علم على حدة، لأن الجامع هو البلاغة، التي هي:

«توفية خواص التراكيب في إفادتها، وإيراد معنى واحد في طرق مختلفة بدلالتها، وتحسينها من جهة المعنى.

ونعني بها التراكيب من حيث هي هي، لا الصادرة عن البليغ لفساد المعنى، ولها طرفان:

الإعجاز وحاكمه الذوق، وما خرج عن النعيق، وبينهما مراتب لا تكاد تنحصر، ومرجعها الاحتراز عن الخطأ:

أ – في خواص التراكيب.

ب – وفي طرق دلالتها.

ج – وفي التحسين.

وما يحترز به عن الأول علم المعاني، وعن الثاني علم البيان، وعن الثالث علم البديع»[45]، وكلها تجتمع للاحتراز عن الخطأ البلاغي في الكلام وإن كان تخصيص علم المعاني بخواص التراكيب، وعلم البيان بطرق الدلالة وعلم البديع بالتحسين، لكن هذا التوصيف المنهجي لا يضع حدوداً بينها مانعة من التداخل مع كثير من المفاهيم البلاغية، وحتى التحديد لا يبعد – مثلاً الاستحسان – عن البيان أو المعاني، ففي تحديد صاحب هذه الثلاثية البلاغية للبيان، يحصره في «تتبع خواص تراكيب الكلام في الإفادة، وما يتصل بها من الاستحسان وغيره، ليحترز عليها عن الخطأ في تطبيق الكلام على ما يقتضي الحال ذكره»[46] والإشارة إلى الاستحسان مسألة مرتبطة بالبلاغة.

4 – وحدة الثلاثية:

يمكن دراسة المعنى في البلاغة العربية باعتباره مدار البحث

البلاغي، ولا يمكن بذلك فصل مباحث أو علوم البلاغة فصلاً قاطعاً بعضها عن بعض، ومفاهيم كل مبحث تعبر إلى المبحث الآخر. كما لا يمكن استغناء الدارس للبلاغة عن مبحث دون آخر، لأن المعنى لا يُكشف عنه إلا بما يشتكل به بلاغياً، سواء كان مجازاً أو تورية أو سرقات، أو أسلوباً إنشائياً أو خبرياً. ويرى الجاحظ – قبل التقسيم الثلاثي للبلاغة – أن «البيان اسم جامع لكل شيء كشف لك قناع المعنى، وهتك الحجاب دون الضمير، حتى يفضي السامع إلى حقيقته، ويهجم على محصوله كائناً ما كان ذلك البيان، ومن أيّ جنس كان ذلك الدليل»[47].

كما أن تقديم السكاكي للمعاني علماً منفصلاً عن علمي البيان والبديع، لا يفصله عن النسق المعرفي البلاغي، والمعاني كمبحث بلاغي منفصل، جاء متأخراً زمنياً على مستوى التبلور والتطور، وتأخرت إقامة حدود اصطلاحية خاصة بمباحثه، سواء في «معاني القرآن» التي ألفت فيه كتب لم تكن تتحدّث عن علم المعاني، إلا داخل نسق التفسير القرآني، أو نسق علم الكلام، كما هو الشأن بالنسبة لأبي عبيدة في «مجاز القرآن» الذي اتسع لمباحث خارج المجاز؛ لأن منطلق أبي عبيدة لم يكن محدداً ومقيداً بالتحديد الإصلاحي للبلاغة وللبيان أو المجاز تحديداً، أو مع الجاحظ وفلكه، والذي أقامه على مفهوم ملاءمة الكلام للمقام، أو مطابقته لمقتضى الحال، فالجاحظ عاب على المتكلم افتقاره إلى «ألفاظ المتكلمين في خطبة أو رسالة، أو في مخاطبة العوام... وكذلك فإنه من الخطأ أن يجلب ألفاظ الأعراب، وألفاظ العوام وهو صناعة الكلام داخل، ولكل مقام مقال،

ولكل صناعة شكل»[48]، ثم مع عبد القاهر الجرجاني إلى السكاكي. وربما الأمر لا يعود إلى طبيعة المبحث المعقدة، كما رأى البعض، بل لأن مباحثه متداخلة مع النحو العربي.

وخاض الدارسون في علم المعاني غير منفصل عن البلاغة، في ارتباطه بعلم النحو، وإجابته عن إشكالات في الفكر الإسلامي، خاصة قضية خلق القرآن عند المعتزلة، حيث أثيرت مع الخليفة العباسي المأمون فتنة خلق القرآن واعتبر المعتزلة تضمنه للأمر والنهي والخبر ينفي عنه صفة القدم، ولم يحد هذا من الانتقال من الفكر إلى الجمال، خاصة في بحث خروج الخبر والإنشاء عن مقتضى الظاهر؛ أي دراسة بلاغة العدول، وإن كانت البلاغة العربية قد حدّدته بصيغ مختلفة، إلا أن مباحثه تشكل تحديداً له، فموضوعه يتحدد في:

*** الإنشاء والخبر:**

* الخبر: ركنا الجملة – أغراض الخبر – أضرب الخبر – مؤكدات الخبر – خروج الخبر عن مقتضى الظاهر.

* الإنشاء: أقسام الإنشاء/طلبي، إنشائي:

1 – الأمر/ خروج الأمر عن معناه الأصلي. 2 – النهي: خروج النهي عن معناه الحقيقي. 3 – الاستفهام: معاني الاستفهام. 4 – التمني. 5 – النداء.

واختلف في تحديد الخبر: «هو الذي يحتمل الصدق إن كان مطابقاً للواقع أو لاعتقاد المخبر عند البعض والكذب إن كان غير مطابق

للواقع أو لاعتقاد المخبر في رأي البعض». ويقسمه الجاحظ إلى ثلاثة أقسام: خبر صادق وآخر كاذب، وخبر لا هو بالصادق ولا بالكاذب؛ لأن مناط الحكم بصدق أو كذب الخبر، هو اعتقاد المتكلم، بحسب المعتزلة ومنهم النظّام المعتزلي.

وإذا عدنا إلى الفخر الرازي في حد الخبر، فإنه يرتكز بالأساس على المعنى في علاقته بالمتكلم والمخاطب، وهو يحاول قراءة عبد القاهر الجرجاني، فيحدده بأنه: «القول المقتضي بصريحه نسبة معلوم إلى معلوم، بالنفي أو الإثبات...

ومن حدّه بالمحتمل للتصديق والتكذيب المحدودين بالصدق والكذب واقع في الدّور بمرتبتين.

في أنه لا دلالة للخبر على أعيان الموجودات...

ولأن قولنا «خرج زيد» من قول الكاذب يدل على ما يدل عليه قول الصادق، وإلا لكان/إما خِلواً عن المعنى، أو دالاً على معنى آخر. والقسمان باطلان. فثبت الأول، وهو المطلوب»[49]. واعتبار البلاغيين للمستمع/المخاطب، أنه جاهل للخبر أو عارف له، ولا ثالث لهما، منطق يستند إليه التنظير البلاغي، ويترتب عنه وضعه في وضعيات أمام تقبل الخبر/الرسالة، وبالتالي فإن المتكلم وفق هذه الوضعيات يرسل الخبر بحسبها، أو ما يعتبر فائدة الخبر أو لازم الفائدة، أو بحسب ما يريد الانزياح عنه وتنزيله في وضعيات أخرى غير التي هو فيها؛ لتشتغل البلاغة على مستوى خروج الخبر عن غرضه الأصلي إلى أغراض أخرى تستفاد من السياق، وفي هذا

المستوى تبحث البلاغة عن المعاني المستفادة من الخطاب، وكأنها تؤوّل مقصد المتكلّم في ضوء السياق. فكتب البلاغة عندما وقفت على شواهد بلاغية في هذا الباب، من مثل قوله تعالى: {رب إني وضعتها أنثى والله أعلم بما وضعت} (آل عمران: 36) حدّدت المعنى المستفاد من الخبر باعتبار أن الله عارف بما وضعت سيدتنا مريم، لينتقل المعنى إلى التّحسّر.

*** الجملة:**

أجزاء الجملة – أحوال المسند والمسند إليه – الحذف – الذكر – التقديم والتأخير – القصر وأدواته – القصر باعتبار طرفيه – القصر باعتبار حال المخاطب – الفصل والوصل – مواضع الفصل – مواضع الوصل – محسنات الوصل وعيوبه – الإيجاز والإطناب والمساواة.

* أما البديع فنجد تشاكل المباحث على مستوى تحديد مفهوم البلاغة، يقول ابن ضياء الدين ابن الأثير: «والبديع من الشعر ما سبق إليه الشاعر، ولم يسبق إلى نظيره أو ما يقرب منه أو ما يدل عليه.

فلذلك سمّى علماءُ البيان هذه الأنواع بأسماء، وأطلقوا لفظة البديع على الجميع نظراً إلى الأصل»[50]، كما عبر أهل هذه الصناعة «عن البلاغة بالبيان، إمّا لاتحاد معناهما أو على سبيل المجاز؛ لأنه نوع منها إلا أنه أخصّ، لأن كل بيان بلاغة، وليس كل بلاغة بياناً»[51].

وأشار ابن المعتز في مقدمة كتابه، إلى أنه وجد «في القرآن واللغة

وأحاديث رسول الله صلى الله عليه وسلم وكلام الصحابة والأعراب، وغيرهم وأشعار المتقدمين من الكلام الذي سمّاه المحدثون البديع، ليعلم أن بشاراً ومسلماً وأبا نواس ومن تقيّلهم وسلك سبيلهم لم يسبقوا إلى هذا الفن، ولكنّه كثُر في أشعارهم فعُرف في زمانهم حتى سمّي بهذا الاسم، فأُعرب عنه ودُلَّ عليه..»[(52)]، وهو الكتاب الذي يؤرخ الدارسون به لعلم البديع، ربما اعتماداً إلى إشارته أنه أول من ألف في البديع، لكن دراسة مباحثه تدلّ على توسع البحث فيه باعتباره أسلوباً في الكتابة والإبداع، وفي الشعر خاصة، سلكه المحدثون، بشكل مقصود ومتكلف فيه – بما في ذلك مباحث بلاغية – بمعيار ثلاثية السكاكي تنتمي إلى البيان أو المعاني، فالباب الأول: من البديع وهو الاستعارة، وفي الباب الخامس: المذهب الكلامي، يدرج حُسن التشبيه. والتورية، وأنواع التورية. وأورد الباقلاني فصلاً بعنوان: «في ذكر البديع من الكلام» تناول فيه العديد من الشواهد بالدرس البلاغي، الذي يستفاد منه أن مفهوم البديع لا يخضع لِما استقرّ عليه البديع في كتاب المفتاح، إذ تناول هذا المفهوم المجاز والاستعارة والتشبيه والكناية، والمعروف أن مباحث البديع توسعت مع أبي هلال العسكري الذي وصل بها إلى سبعة وثلاثين نوعاً، وأضاف ابن رشيق ثلاثة وثلاثين باباً، يرى جل الدارسين أنها لا تنتمي إلى البديع، مثل فضائل الشعر وصفاته وأغراضه وعيوبه وسرقاته. وتواصلت الدراسات المهتمة بالبديع، نظراً لكون فترة ما بعد السكاكي كانت مصبوغة بهذه الصبغة البديعية في الكتابة النثرية والإبداع الشعري، وهو ما أشار إليه صفي الدين الحلي (ت 750 هـ) في مقدمة كتابه، الذي يشير فيه إلى أنه وقف «على أربعين كتاباً في هذا العلم أو

بعضه» ليضيف إليها أنواعاً استخرجها «من أشعار القدماء» فنظم «قصيدة في مدح الرسول صلى الله عليه وسلم، في مئة وخمسة وأربعين بيتاً في بحر «البسيط» تشتمل على مئة وواحد وخمسين نوعاً من محاسنه»[53].

كما أن البديع اشتغلت مفاهيمه على اللفظ والمعنى، وهنا تظهر الثنائية وكأنها منفصلة، فتحديد البديع في كتب البلاغة، تفصح عن هذا الفصل، كما في تحديد الطيبي للبديع: «هو معرفة وجوه تحسين الكلام البليغ، والتحسين، إما راجع إلى :

المعنى، أو إلى اللفظ، أو إليهما جميعاً، والبحث عن القسم الثاني وظيفة الفصاحة، وعن الأول والثالث، وظيفة البلاغة»[54] وهذا التدقيق لا يعمل على الفصل بين البلاغة ومباحثها الثلاثة، من حيث الوظيفة.

ويظهر الارتباط بين مباحث البلاغة، في البيان الذي أخذ في النقد والبلاغة العربية أبعاداً معرفية وإبستمولوجية، لا تقف عند حدود المصطلح البلاغي في مرجعية محددة، بل تشعّب المصطلح تشعبات متعددة بتعدد المرجعيات النقدية البلاغية، وفي سياقات مختلفة من التأليف البلاغي. وأطلق النقاد والدارسون البيان وأرادوا به علوم البلاغة كما خصوه بأحد علومها، أو ما نطلق عليه ثلاثية السكاكي؛ البيان والمعاني والبديع، باعتباره أول من أطلق وفصل بين هذه العلوم. وإن كانت جل الكتب النقدية القديمة تطلق على البلاغة إما البيان أو البديع؛ لذا سميت مصادر بلاغية بالبيان أو البديع بالرغم من تناولها لجميع المباحث. فابن خلدون وهو من المتأخرين يرى أن العلوم الثلاثة: المعاني والبيان والبديع أطلق عليها عند المحدثين علم

البيان «لأن الأقدمين ما تكلموا فيه، ثم تلاحقت مسائل الفن واحدة بعد أخرى، وكتب فيه جعفر بن يحيى، والجاحظ، وأمثالهم إملاءات غير وافية فيها، ثم لم تزل مسائل الفن تكمل شيئاً فشيئاً إلى أن مخض السكاكي وهذّب مسائله، ورتب أبوابه على نحو ما ذكرناه في النحو والتصريف والبيان، فجعل هذا الفن من بعض أجزائه، وأخذ المتأخرون من كتابه، ولخصوا منه أمهات هي المتداولة لهذا العهد كما فعله الزملكاني في كتابه التبيان، وابن مالك في كتابه المصباح، وجلال الدين القزويني في كتابه الإيضاح والتلخيص..»[55] كما أن – مثلاً – السجلماسي لم يبحث البلاغة من خلال الثلاثية، وإن كانت حاضرة في التصور العام، فهو أحصى «قوانين أساليب النظوم، التي تشمل عليها الصناعة الموضوعة لعلم البيان وأساليب البديع، وتجنيسها في التصنيف، وترتيب أجزاء الصناعة في التأليف، على جهة الجنس والنوع، وتمهيد الأصل من ذلك للفرع، وتحرير تلك القوانين الكلية، وتجريدها من المواد الجزئية.

إن هذه الصناعة الملقبة بعلم البيان، وصنعة البلاغة والبديع، مشتملة على عشرة أجناس (عالية) وهي: الإيجاز، والتخييل، والإشارة، والمبالغة، والرصف، والمظاهرة، والتوضيح، والاتساع، والإنشاء، والتكرير»[56]. ويتبين لنا أن المفاهيم البلاغية المعروفة، خاصة عند السكاكي، صيغت بمنهجية وتصورات مغايرة، تعتمد هذه القوانين التي صرح بها، وتحاول وضع منطلق بلاغي جديد، متأثر بالفلسفة اليونانية، عبر الفلاسفة المسلمين، خاصة ابن سينا وابن رشد والفارابي. وما يهمنا عند السجلماسي أو حازم أو ابن البناء المراكشي

أو ابن عميرة، هو الفلسفة البلاغية التي حاولوا صياغة تصورات بلاغية تعيد بناء التصورات المنهجية، والتي تقتضي إعادة النظر حتى في بعض المفاهيم والأدوات الإجرائية.

وللمرور إلى المعنى الاصطلاحي لنا وقفة مضيئة للمفهوم مع مستواه اللغوي والجمهوري، يذهب الجوهري إلى أن البيان هو: «ما تبين به الشيء من الدلالة وغيرها، وبان الشيء؛ اتضح، فهو بيّـن، والجمع أبـينـاء. واستبان الشيء وضح وظهر.

والتبيين: الإيضاح. والتبين، أيضاً، الوضوح. وفي المثل؛ قد بين الصبح لذي عينين، أي تـبيّـن»[(57)].

إلا أنّ مبحث البيان، أو علم البيان، من المباحث الإشكالية في البلاغة، والمهيمنة على جهاز مفاهيمها، وإن كان مبحث المعاني لا يقل عنه أهمية، وطرحاً للإشكالات البلاغية، وارتباطهما عند البلاغيين العقائديين بعلم القرآن، لكن التحليل البلاغي وظّف جهاز مفاهيم البيان، بشكل أصبح معه الحديث عن الحقيقة والمجاز، والتشبيه والاستعارة، والكناية، والمجاز بصفة عامة، حديثاً عن البلاغة برمّتها. وقلّما اهتمّ التحليل البلاغي بالمعاني والبديع، على اعتبار أن المعاني تحدّدت أغلب مفاهيمه من النحو السيبويهي، المسند والمسند إليه، والخبر والإنشاء، والأساليب؛ من أمر ونهي واستفهام ونداء وغيرها، بالرغم من انطلاق البلاغة من النحو إلى البلاغة؛ وهو ما يتحدّد في الخروج عن مقتضى الظاهر؛ أي من المعنى النحوي/الحرفي، إلى المعاني المجازية، ممّا جعل تحليل

الخطاب يكشف عنه دون الإشارة الضرورية إلى توظيف البلاغة، فعلى سبيل المثال عندما يوجه شخص كلاماً إلى من هو أعلى منه؛ حاكماً أو إلى الله، فإن الأمر لا يمكن أن يستقيم، فهو التماس ودعاء، وكذلك بالنسبة للخبر ومؤكداته، وما يسمى بتنزيل المتلقي تنزيلات يفرضها السياق، من خالي الذهن إلى متردد أو شاك أو منكر، أو المنكر ينزّل منزلة خالي الذهن، وهكذا فإن هذه الدراسات البلاغية، أفادت تحليل الخطابات، خاصة الخطاب الديني، والقرآن خاصة.

ووُظف البيان في قراءة النصوص، خاصة على المستوى الجمالي، كما فُسّر به إعجاز القرآن؛ أي التفسير البياني للإعجاز، عند جلّ البلاغيين المهتمين بهذا الحقل من الدراسات، أشهرهم، عبد القاهر الجرجاني في كتابيه: أسرار البلاغة ودلائل الإعجاز. وعرف مصطلح البيان، كما هو معلوم، إشكالاً عويصاً في تحديده، فرغم السمة الاصطلاحية التي يتسم بها، فإننا عند إطلاقنا له، يتعين علينا مراعاة السياق الذي يحتضنه، وينبغي التنبيه في البداية إلى ضرورة التفريق بين البيان كعلم انضوت تحته مباحث، يعرفها كل من ألقى نظرة إلى البلاغة العربية خاصة مع السكاكي وشراحه. والبيان كمفهوم داخل منظومة علم البيان أو النقد الأدبي، وإنّ تشكّل وتعقّد علم البيان مرتبط أيضاً بإشكالية الحقيقة والمجاز، التي شكلت موضوع نقاش وجدال كلامي، وارتبطت بالإعجاز الذي أطلق في بداية الأمر على خصائص بيانية تحديداً، فانصبت عليها جهود أبي عبيدة (ت 210 هـ) وابن قتيبة (ت 276 هـ) والجاحظ (ت 255 هـ) والباقلاني (ت 403 هـ) والجرجاني (ت 471 هـ) والزمخشري (ت

538 هـ) وغيرهم لتظهر البلاغة العقائدية. ويأتي المجاز كآلية تأويل الظاهر للعدول عنه إلى الباطن، وإن اعتبر الظاهر هو الأصل، وإن كان مصطلح المجاز لا يأخذ نفس المفهوم عندهم، فهو متطور بتطوّر دراسته عبر العصور، فابن قتيبة يحدده بقوله: «وللعرب المجازات في الكلام، ومعناها طرق القول ومآخذه، ففيها: الاستعارة، والتمثيل، والقلب، والتقديم، والتأخير، والحذف، والتكرار، والإخفاء، والإظهار، والتعريض، والإفصاح، والكناية، والإيضاح، ومخاطبة الواحد مخاطبة الجميع، والجميع خطاب الواحد، والواحد والجميع خطاب الاثنين، والقصد بلفظ الخصوص لمعنى العموم، وبلفظ العموم لمعنى الخصوص»[58]. ووجد المعتزلة، أكثر من غيرهم، في المجاز ضالتهم لتأويل كل ما جاء في القرآن من آيات تتناقض مع طروحاتهم في صفات الله خاصة.

وقد أخذ البيان عند الجاحظ باعتباره من أهم المؤسسين للتنظير البلاغي العربي القديم، الركيزة الأساسية لهذا البناء الإبستمولوجي، فهو عنده مرتبط بمفهوم البلاغة المتمحورة حول بلاغة الإقناع والإمتاع، ومن ثمة لا يتحقق هذا من دون فهم وإفهام، فالبيان عنده هو: «الدلالة الظاهرة على المعنى الخفي» وهو «اسم جامع لكل شيء كشف لك قناع المعنى، وهتك الحجاب دون الضمير، حتى يفضي السامع إلى حقيقته، ويهجم على محصوله، كائناً ما كان ذلك البيان، ومن أي جنس كان ذلك الدليل، لأن مدار الأمر، والغاية التي يجري إليها القائل والسامع إنما هو الفهم والإفهام، فبأي شيء بلغت الإفهام، وأوضحت المعنى عن المعنى، فذلك هو البيان في ذلك الموضع»[59]،

وقد ربط الجاحظ البيان بالدلالة والتواصل بصفة عامة، لذا رأى أن أصناف الدلالة «على المعاني من لفظ وغير لفظ خمسة أشياء:

أ – الدلالة باللفظ

ب – الدلالة بالإشارة باليد وبالرأس وبالعين والحاجب والمنكب وبالثوب وبالسيف

ج – الدلالة بالخط

د – الدلالة بالعقد وهو الحساب

هـ – دلالة النصبة، وهي الحال الناطقة بغير اللفظ[60].

وأورد صاحب العمدة بحثَ الجاحظ للبيان عندما سأل «جعفر بن يحيى: ما البيان: قال: أن يكون اللفظ يحيط بمعناك ويخبر عن مغزاك ويخرجه من الشركة ولا يستعين عليه بالكثرة. والذي لا بدّ منه أن يكون سليماً من التكلف، بعيداً من الصّنْعة، بريأ من التعقيد، غنياً عن التأويل. قال الجاحظ: وهذا هو تأويل قول الأصمعي: البليغ من طبق المفصل وأغناك عن المفسر..»[61]، والتعقيد كمصطلح بلاغي، يرتبط بالمعنى ارتباطاً وثيقاً، حيث تناولته الدراسات البلاغية في سياقات عديدة، منها سياق تحديد الفصاحة، التي ربطها البيانيون بسهولة اللفظ ووضوح المعنى وجودة السبك وتلاؤم الحروف والطبع وغير المنبوذ أو المستقبح من قبل البلاغيين، وما لم تتنافر حروفه وغرابة ألفاظه، ومخالفة الواضع، وابتعد عن تنافر الكلمات والتعقيد في النظم والمعنى، ومخالفة القانون النحوي، وبهذا تكون

الفصاحة والبلاغة تتداخل ومسألة التعقيد، كما وردت في بعض الكتب البلاغية، مهمة لتسلط الضوء على المعنى الشعري، «والتعقيد أن لا يكون الكلام ظاهر الدّلالة على المُراد لخللٍ إمّا في النظم، كقولِ الفرزدق في خالِ هِشام:

ومَا مِثْلُه في النّاسِ إلّا مُمَلّكاً

أبو أمِّهِ حَيٌّ أبوهُ يُقاربُهْ

أي: ليسَ مثلُه في الناسِ حيٌّ يُقاربه، إلّا مُمَلّكا أبو أمّه أبوه؛...»

ويعلق بقوله: «والتعقيد أن يشيك المتكلم طريقك إلى المعنى، ويوعر مذهبك نحوه، حتّى يقسم فكرك ويشعب قلبك، فلا تدري من أين تتوصل، وأي طريق تسلك إلى معناه، مثال ذلك قول الفرزدق:

إلى مِلكٍ مَا أمّهُ مِنْ مُحارِبٍ

أبوهُ وَلا كانَتْ كُلَيبٌ تُصاهِرُهْ

يريد إلى مَلكٍ أبوه ما أمه من محارب...»(62)

وهو نفس الشيء بالنسبة للغرابة، «أن يكون اللفظ وحشياً غير مألوف الاستعمال ولا ظاهر المعنى»(63).

ومما لا شكّ فيه أن مفتاح العلوم للسكاكي (ت 626 هـ)، شكل مرجعاً أساساً لمفهوم البيان، وتحديداً، لعلم البيان إلى جانب علم المعاني وعلم البديع؛ لذا لا يمكن تجاوزه في أي دراسة مع ما يمكن أن يثير من قضايا تتعلق بارتباط المفهوم أو العلم بعلم المعاني، وكأن السكاكي يفصل بين العلمين فصلاً منهجياً تعليمياً، وليس كما

ذهب البعض من أنه وضع الثلاثية ليضع نهاية الارتباط بين مباحث البلاغة، ومن ثمة – حسب البعض – عمل على تحجير البلاغة، وهو حكم قيمة أطلق فتناقلته الكتابات التي حاولت التجديد بالرجوع إلى ما قبل السكاكي، ويحدد علم البيان بقوله: «فهو معرفة إيراد المعنى الواحد في طرق مختلفة، بالزيادة في وضوح الدلالة عليه، وبالنقصان ليحترز بالوقوف على ذلك عن الخطأ في مطابقة الكلام لتمام المراد منه... ولما كان علم البيان شعبة من علم المعاني لا تنفصل عنه إلا بزيادة اعتبار، جرى منه مجرى المركب من المفرد»[(64)].

وقدم إسحاق بن إبراهيم بن سليمان بن وهب الكاتب أبو الحسين، من نقاد القرن الرابع الهجري صاحب «البرهان في وجوه البيان» تصوراً حول البيان، بالطرح الجاحظي، وإن خالفه في الأساس الذي يبني عليه تقسيمه الآتي:

أ – «بيان الاعتبار: وهو بيان الأشياء بذاتها.

ب – بيان الاعتقاد: الذي يحصل في القلب عند إعمال الفكرة واللب، وهو ثمرة البيان الأول.

ج – بيان العبارة: الذي هو نطق باللسان.

د – البيان بالكتاب: ألهم الله عباده تصوير كلامهم بحروف اصطلحوا عليها، فخلدوا بذلك علومهم»[(65)].

ومفهوم البيان الذي قدّمه ابن وهب يشكل إضافة نوعية لتصوّر يبلور ويطور ما قدّمه الجاحظ وغيره في هذا المجال، فعند مقارنتنا بينهما نجد بعض الاختلاف، فالبيان عند الجاحظ (ت 255 هـ) يفهم

من خلال الدلالة على خمسة مكونات حددها: في اللفظ والإشارة والخط والحساب والنصبة غير اللفظية، في حين ربط ابن وهب البيان بأربعة مكونات: الاعتبار والاعتقاد والعبارة والكتاب؛ أي أن البيان لا يرسل فقط من الكلام / الخطاب، بل البيان في مجال الحياة، وأن الجبال والسماء والكواكب كلها بيان وآيات.

وإذا انتقلنا إلى بلاغيين آخرين، سنجد تصورات مهمة للبيان، في محاولة إعادة صياغته صياغة علمية تقف على دقائق المصطلح والمصطلحات المفسرة والمحددة له، فالحسين بن محمد بن عبد الله الطيبي (ت 743 هـ) يعيد تعريف البيان وفق التصور البلاغي المحدد في ثلاثية السكاكي، إلا أنه يبنيه بشكل يجمّع فيه المفاهيم البلاغية والاستدلالية لدراسة الخطابات، بإثارته لمفهوم المعنى والدلالة ثم الطرق والتراكيب والعلاقات المنطقية، اللازم والملزوم، داخل الجملة وبين الجمل والتراكيب، إلا أنه يخصصه في مبحث علم البيان، ويربطه بالبلاغة مشيراً إلى مسألة دقيقة في كون المرجع في هذا إلى «المبالغة في إثبات المعنى للشيء» وربما هو التحديد الأدق لمعنى البلاغة، بحيث لكما بالغنا في إثبات المعنى إلا وعمقناه وتجاوزنا درجة الصفر للكتابة، التي هي ليست المعنى الحقيقي في مقابل المعنى المجازي، بل إنها كلّ إضافة جمالية على مستوى الصياغة، وتجاوز لما حدده البلاغيون من المستوى الأدنى عبر سلّم يصل بها إلى الأعلى، ويحدد الطيبي البيان بقوله: «هو معرفة إيراد المعنى الواحد في الطرق المختلفة الدلالة بالخفاء على مفهومها، تفادياً عن الخطأ في التطبيق لتمام المراد.

• يعني بتمام المراد كنه ما يقصده البليغ من المبالغة.

• وبالمعنى الواحد ما يقتضيه علم المعاني.

• وبالطرق التراكيب.

فظهر من هذا البيان أن مرجع البيان إلى اعتبارات المبالغة في إثبات المعنى للشيء، وذلك إما على طريق الإلحاق أو الإطلاق، والثاني إما إطلاق الملزوم على اللازم أو عكسه، وما يبحث في الأول التشبيه، وعن الثاني المجاز، وعن الثالث الكناية»[66]. والمعلوم أن المبالغة – كما أشرنا سالفاً – هي مربط البلاغة، لكن هذه المبالغة في إثبات المعنى، لا تتأتى لكل واحد وفي كل الأحوال، وهو ما تبحث عنه البلاغة، بمفهوم الإصابة أو الاحتراز من الخطأ، إلا أنّ مدار البيان هو الثالوث المحدد عند جلّ البلاغيين: التشبيه – المجاز – الكناية.

وإذا عرجنا على ما قدّمه صاحب الإشارات والتنبيهات محمد الجرجاني (ت 729 هـ) حول البلاغة، وخاصة البيان، سنجد آراء فريدة ولا يمكن القول إنها تجتر ما قيل، نظراً لاستدراكاته ومناظرته للآراء السابقة، فعلم البيان يبنيه محمد الجرجاني على «مقدمة، وثلاثة أركان، وخاتمة». وهو بذلك يحدد منهجياً تناوله للموضوع، على مستوى التعريف وتحديد الموضوع كصفة للعلمية المتوخاة، ثم الوصول إلى النتائج، وعلم البيان كفن عند محمد بن علي بن محمد الجرجاني «علم يعرف منه كيف يدل على معنى خارجي يتوسط الوضع والعقل معاً... وقد رجحت دلالة الالتزام؛ لتلذذ النفس بها

بسبب تصرفه فيها، وهي موضوع علم البيان، فإن المتكلم يدل على المعنى الخارجي بتوسط العقل، وأحد الثلاثة من التشبيه والمجاز والكناية... والحق أن علم البيان لا يبحث الدلالة العقلية من حيث الوضوح وعدمه؛ بل من حيث التذاذ النفس بها؛ لكونها متصرفة فيها، ولها مدخل منها، ألا ترى أن قولك: زيد بحر في العلوم، ليس مثل قولك: كثير العلوم...»[67] وهذه الوقفة الطريفة من الناقد على كون البيان لا يبحث في الدلالة العقلية – بالرغم من أن المسألة فيها نظر – وإنما في التأثير النفسي، أو يمكن القول في الدلالة النفسية، التي يحصل بها الاستحسان وتحقق اللذة، التي تحيلنا إلى مفهوم لذة النص التي أشار إليها النقد الغربي خاصة مع رولان بارت.

5 – البلاغة والعيّ:

واعتبار البلاغة سلماً معيارياً، يبدأ من الأسفل إلى الأعلى، يجعل البحث في مراتب هذا السلم واردة بين طيات الكتب في لُمح وإشارات، لكن مصطلح العيّ، باعتباره أدنى مراتب البلاغة، طُرح مقابلاً لها، وإنْ ارتبط أساساً بنقيض الفصاحة، والنطق / الكلام، لكن تحديده مقابلاً للبلاغة أفصح عنه البعض «وقالوا البلاغة ضدّ الْعَيّ، والعي العجز عن البيان»[68]. وفي ارتباط البلاغة العربية بالبيان والوضوح والفهم والإقناع والإمتاع، ما يجعل العيَّ من الإشكالات التي اهتمت بها البلاغة، وتردده في البلاغة العربية بشكل لافت، في علاقته بالبلاغة والفصاحة والبيان دون إفراده بدراسة خاصة. يقول الجاحظ: «وقال الله تبارك وتعالى: {وما أرْسلنا من رسول إلّا بلسان

قومه ليبيّن لهم} (إبراهيم: 4)؛ لأن مدار الأمر على البيان والتبيّن، وعلى الإفهام والتفهّم، وكلما كان اللسان أبينَ، كان أحمدَ، كما أنّه كُلّما كان القلب أشدّ استبانة كان أحمد، والمُفهِم لك والمتفهّم شريكان في الفضل، إلا أن المفهِم أفضل وكذلك المعلِّم والمتعلّم.. وضرب الله عزّ وجلّ مثلاً لـعـيّ اللسان ورداءة البيان حين شبّه أهلَه بالنساء والولدان...»[69] واعتبر العي والبلاغة محددين لوضع اجتماعي وثقافي، بل إنهما يقلبان السلم، وهو ما أشار إليه الشاعر بقوله:

عـيُّ الشـريف يَشـينُ منصبَـه

وابـن اللـئيمِ يـَزينه الأدبُ [70]

وهذا المنحى وعاه البلاغيون، منذ القديم مع البلاغيين العرب، وترسخ الأمر مع البلاغة اليونانية وغيرها عند جميع الأمم، وأكدته البلاغة الجديدة في الغرب، خاصة مع بريلمان وتيكيتا ومشيل مايير وغيرهم، في ربطهم البلاغة بالحجاج، فهناك إشارات عديدة لأهمية البلاغة من خلال وظيفة الإقناع والإمتاع، وكأنها محاولة لتجاوز العيّ إلى مراتب البلاغة وأرقاها، وأن هناك من يرفعه لسانُه وهناك من يحطُّه، كما أن الحقّ يُؤخذ بتقنيات القول؛ أي بالبلاغة التي تُحوّل مسار الأفكار وتُغير المواقف، وحتى الأحكام؛ لذا كان الاهتمام بها منذ اليونان قبل الميلاد، مع السوفسطاييين وأفلاطون وأرسطو وغيرهم، أو عند العرب في دراستهم للشعر والخطابة وأنواع أخرى من الخطاب، وعياً منهم أن تفاضل مراتب الإنسان بتفاضل مراتب الأقوال، فكما ورد على لسان الرسول (ص) «إن من البيان لسحراً»، إيماناً بسحر الكلام والتأثير الذي يمكن أن يحدثه في المتلقي: فرداً

وجماعة. وفي الإقناع بما لم يكن الإنسان مقتنعاً به قبل التلقي، وأخذ العيُّ معاني بلاغية، ليس بالضرورة أن يكون المستوى الأدنى، بل هو المستوى المقبول من الكلام، المستوى التواصلي لدى العامّة دون بلاغة، أو هو العاري منها، أو هو أيضاً عدم الإفصاح عمّا يُريده المتكلم، فعندما يلجأ المتكلم إلى إعادة صياغة كلامه، مستدركاً أنه لم يقصد الكلام الأول، وهو ما يحصل في التواصل اليومي عند الكثيرين، ويستعمل (بل) للإضراب دون قصد مسبق، فإنه يكشف عن عيّ حصل في كلامه الأول.

والعَيّ في اللغة من الإعياء؛ أي عدم الاستطاعة والعجز والتعب، وهو انتقال من الداء الذي هو العياء والإرهاق إلى الكلام الذي سيصاب بالعيّ – التي قيل فيها بفتح العين وكسرها – وجاء في لسان العرب أن الرجل يتكلف عملاً فيعيا به وعنه إذا لم يهتدِ لوجه عمله... وعيي في المنطق عيا: حصر... والمعاياة: أن تأتي بكلام لا يهتدى له، قال الجوهري العي خلاف البيان، وقد عي في منطقه...»[(71)]، «قال أكتم: العي أن تُتكلم بفوق ما تقتضيه حاجتك. وقيل: العيّ معنى قليل يحويه لفظ كثير، وتكلم رجل عند معاوية وكان ذا عيّ، فقال: عمر وسكوت إلّا لكن نعمة، فقال معاوية: وكلام إلا حمق نقمة»[(72)]، ووقف الجاحظ من خلال اشتغاله على البيان على العي وجعله من المفاهيم الأساسية في شرح البيان وإدراكه بنقيضه، اعتماداً على ما سلف، حيث يقول: «وقالوا: البيان بصر والعي عمى، كما أن العلم بصر والجهل عمى، والبيان من نتاج العلم، والعي من نتاج الجهل... وقال يونس بن حبيب: ليس لعيي مروءة، ولا لمنقوص البيان بهاء،

ولو حكّ بيافوخة أعنان السماء...»[73]، واعتبر النقاد العيّ عائقاً أمام تحقق الإقناع والإفهام، خاصة في الخطابة التي تطلب فيها بلاغة وفصاحة الخطيب للإقناع، الذي لا يتم إلا عبر الكلام البليغ، وعبر ثلاثية البلاغة الأرسطية والجديدة: الإيتوس والباتوس واللوغوس، إلا أن الأمر في الشعر يبدو مختلفاً، لكون بلاغة الإقناع تأخذ الوجه الثاني لعملة البلاغة لتترك بلاغة الإمتاع الواجهة. ومع ذلك إن العيّ مفسد للخطاب أيّ كان جنسُه نثراً أو شعراً، وربما المسألة في الشعر أعمق، على اعتبار التفاوت بين جميع الأبيات، وجميع التراكيب وحتى الكلمات، يؤاخذ عليها الشاعر، وتحسب من سقطاته، لأن الشعراء يحترسون في كل بيت أن يبلغوا مبلغ البلاغة، وتكون المقصدية الشعرية مرتبطة بتحقق التأثير الجمالي في المتلقي، في حين إن الخطابة مهما بلغت من البلاغة فهي في نزول وعلو، وحكي وسرد وتضمين لحجج الآخر ما يجعل كلامه داخل النص لا يعيبه، أو لنقل إن معايير البلاغة في النثر غيرها في الشعر، وهو ما يجعل البحث عن بلاغة الشعر كخاصية مختلفة عن بلاغة النثر. واعتبر الجاحظ أن ليس «مضرّة سلاطة اللسان عند المنازعة، وسقطات الخطل يوم إطالة الخطبة، بأعظم مما يحدث عن العيّ من اختلال الحجة وعن الحصر من فوت درك الحاجة»[74]، وهو ما يجعل بلاغة النثر / الخطابة تقبل داخل النص مستويات دنيا وعليا، وإذا كان الجاحظ يقصد البلاغة الخطابية فهذا لا يعني أن العيّ ممكن في الشعر، بل إن الشعر يقتضي بلاغة أرقى لكون الوظيفة الجمالية مهيمنة على جميع الوظائف الأخرى، ووحدة البيت الشعري جعلت تقويمه بلاغياً خارج القصيدة يحط أو يعلي من قيمة الشاعر، واشتغال

النقد على البيت مفرداً يؤكد أن الشعر لا يقبل العي، وأن البيت لا بدّ أن يكون في القصيدة كالجوهر في العقد، بينما الجاحظ في هذا السياق تحدث عن الخطابة، ومن ثمة بنى البلاغة في مقابل العي على وظيفة البيان والتبين/ التبيين، أو الفهم والإفهام، ويتحقق هذا على مستويات متعددة مرتبطة بالباث والمتلقي والسياق والرسالة.

ومن البدَهيّ كما أشار جلّ النقاد القدماء أن البلاغة تبدأ من مستوى أدنى إلى مستوى أعلى، وبلاغة الشعر يفترض أن ترقى إلى مستويات أعلى من الشعرية / الأدبية، بل إن الخطابة لمّا يعوزها البيان والدليل تلجأ إلى الشعر، كما تلجأ عندما تعوزها الحجة إلى القرآن، علماً بأن مقصد الشاعر يتجاوز الإبلاغ والفهم والإفهام، إلى إخراج الكلام على صورة من البلاغة الشعرية، وبلوغ «تمام الآلة وإحكام الصنعة»[75]، وإن لم يستثنِ الجاحظ الشعر من بلاغة البيان والتبيين، وكأن وظيفة الإفهام وضرورة حضور ووضوح المعنى أمر لا يتعلق بالنثر أو الخطابة تحديداً؛ فـ «لا خير في كلام لا يدلّ على معناك، ولا يشير إلى مغزاك وإلى العمود الذي قصدت إليه والغرض الذي إليه نزعت»[76]. واعتقد بعض الشعراء أن جمالية الشعر لا يمكن أن تتحقق إلا بالافتتان بالشكل، في التبرج واستعمال المحسنات بشكل حوّل الجمال إلى نقيضه، ممّا دفع النقاد لاتخاذ موقف رافض من الإفراط في البديع، «وهو في الشعر نبذٌ تستحسن، ونكت تستطرف مع قلة وفي الندرة، فإذا كثُر على الكلفة، ولا يَحسن أن يكون الشعرُ كلُّه استعارة وبديعاً، كشعر أبي تمام، ولا أمثالاً وحكماً كشعر صالح عبد القدوس، وهذه الأشياء للشعر كالحلي للإنسان،

فلا ينبغي أن يعرّى منها ككثير من شعر أشجع»[77]. وأصبح همُّ الشعراء ليس فقط مواجهة شعراء بعينهم، بل مواجهة نماذج سابقة، حسب العصور، إذ يستحضر الشاعر النماذج السابقة، ويقيس إبداعَه بها، احتذاء وتجاوزاً، وهو ما يجعل الخصائص النوعية للخطابة مختلفة عنها في الشعر، والموسيقى ليست إلا مكوّناً من مكونات الاختلاف بين الشعري والنثري، وثنائية النثري والشعري تطرقت إليها دراسات القدماء والمحدثين، والفصل بينهما حيّر الكثير، باعتبار اللّبْس الذي يعتري في بعض الأحيان التمييز بينهما، سواء في الشعر أو النثر، والتداخل فيما بينهما، في كتابات عديدة إبداعية إذا ما استبعد الوزن؛ لذا فإن النقاد لم يستطيعوا أن يبعدوه، لكونه العنصر الظاهر والشكلي المميز بينهما. فابن سلام الجمحي يؤكد على الشعرية المقيدة بالوزن والقافية، كما أكد عليها تعريف قدامة بن جعفر: «الشعر كلام موزون مقفى دال على معنى»، فيرى ابن سلام أن «المنطق على المتكلم أوسع منه على الشاعر والشعر يحتاج إلى البناء والعروض والقوافي، والمتكلم مطلق يتخير الكلام»[78]، لكن هذا الرأي لا ينفي انتباه القدماء إلى خصوصية البنية الشعرية المتميزة عن النثر، بغض النظر عن الوزن، أو البحور الخليلية ومستدركاتها، وهو ما جعل البلاغيين المتأثرين بالفلسفة اليونانية، تعريف الشعر بالتخييل، كما هو عند صاحب منهاج البلغاء، وصاحب كتاب المنزع البديع في تجنيس أساليب البديع.

هوامش الفصل الأول:

1 – ابن سلام الجمحي: طبقات فحول الشعراء تحقيق: محمود محمد شاكر، ط دار الكتب العلمية، 1998. ص 4.

2 – عبد القاهر الجرجاني: أسرار البلاغة، مرجع سابق، ص 10.

3 – النقد الأدبي في القرن العشرين: ص 173. يعرض المؤلف لرأي جيلبير ديوران (1921) تلميذ غاستون باشلار، من مؤلفاته: البنى الأنتروبولوجية للخيال 1960، والديكور الأسطوري في راهبة بارم 1961.

4 – السكاكي: مفتاح العلوم، مرجع سابق، ص 55.

5 – الطيبي: التبيان في البيان، مرجع سابق، ص 6.

6 – مقارنة بين البلاغة والتداوليات، وتداخل تحليلهما، نشير إلى التعريف الذي قدمه دلاش (Dalash):

«إنه تخصص لساني يدرس كيفية استخدام الناس للأدلة اللغوية، في صلب أحاديثهم وخطاباتهم، كما يعنى من جهة أخرى بكيفية تأويل تلك الخطابات والأحاديث».

انظر: دلاش: مدخل إلى اللسانيات التداولية لطلبة معاهد اللغة العربية وآدابها، ترجمة: محمد يحياتن، ديوان المطبوعات الجامعية، الجزائر، د.ط، د.ت، ص 1.

كما يمكن اعتماد التعريف القائل بأن التداوليات هي: «إيجاد» القوانين الكلية للاستعمال اللغوي والتعرف على القدرات الإنسانية للتواصل اللغوي، وتصير «التداولية»، من ثمة، جديرة بأن تسمى: «علم الاستعمال اللغوي».

انظر: مسعود صحراوي: التداولية عند العلماء العرب، دراسة تداولية لظاهرة «أفعال كلامية»، ص.18 – 17.

7 – ابن حزم: التقريب لحد المنطق، والمدخل إليه بالألفاظ العامية والأمثلة الفقهية.

تحقيق: أحمد فريد المزيدي. دار الكتب العلمية بيروت لبنان ص 159.

8 – شاييم بيرلمان الفلسفة والحجاج البلاغي بين المنطق والجدل. ترجمة: أنوار طاهر. ص 7.

الفصل الأول (Logique, Dialectique, Philosophie et Rhétorique) من كتاب «مؤسس البلاغة الجديدة» الفيلسوف البلجيكي شاييم بيرلمان Chaïm Perelman (1912 – 1984)).

9 – ابن حزم: التقريب لحد المنطق، مرجع سابق، ص 159.

10 – بول ريكور: نظرية التأويل الخطاب وفائض المعنى، مرجع سابق، ص 126.

11 – الآمدي: الموازنة بين أبي تمام والبحتري، تحقيق محمد محيي الدين عبد الحميد، دار صادر، 1976، ص 47.

12 – انظر كل من حازم القرطاجني في منهاج البلغاء، والسجلماسي في المنزع البديع، وغيرهما من الذين اعتمدوا ابن سينا وابن رشد والفارابي في تحديدهم للشعر.

13 – الجاحظ: الحيوان، مرجع سابق، ج3/ص132.

14 – ابن رشيق القيرواني: العمدة في محاسن الشعر وآدابه، مرجع سابق، 2/ 294 – 295.

15 – حازم القرطاجني: منهاج البلغاء وسراج الأدباء، مرجع سابق، ص 21.

16 – السكاكي: مفتاح العلوم، مرجع سابق، ص 516.

17 – حازم القرطاجني: منهاج البلغاء وسراج الأدباء، مرجع سابق، ص 89.

19 – ابن طباطبا العلوي: عيار الشعر، مرجع سابق، ص9.

20 – حازم القرطاجني: منهاج البلغاء وسراج الأدباء، مرجع سابق، ص 68.

21 – نفسه: ص 67.

22 – جان إيف تادييه Jean Yves Tadié النقد الأدبي في القرن العشرين. ترجمة: قاسم المقداد، منشورات وزارة الثقافة، دمشق وزارة الثقافة 1993. ص 41.

23 – نفسه: ص 33.

24 – أبو زيد محمد بن أبي الخطاب القرشي: جمهرة أشعار العرب في الجاهلية

والإســلام، تحقيق: علي محمد البجــاوي. (من فرائد التراث الأدبي) نهضة مصر للطباعة والنشر ص 41.

25 – أبو زيد القرشي: جمهرة أشعار العرب، مرجع سابق، ص 38 – 39.

المبرد،: الرسالة، نشر عبد التواب. ص 59.

26 – حازم القرطاجني: منهاج البلغاء وسراج الأدباء، مرجع سابق، ص 118.

27 – نفسه: ص 119.

28 – نفسه: ص 121.

29 – نفسه: ص 122.

30 – ابن طباطبا: عيار الشعر، مرجع سابق، ص 99.

31 – الأصفهاني: الأغاني، تحقيق: إحسان عباس وآخرون، دار صادر، بيروت، 1970، ج 15 / ص339.

32 – السكاكي: مفتاح العلوم، مرجع سابق، ص582.

33 – أبو القرشي: جمهرة أشعار العرب في الجاهلية والإسلام، مرجع سابق ص 11.

34 – نفسه: ص 13.

35 – الأصفهاني: الأغاني، مرجع سابق، ج 15/ ص339.

36 – المبرد أبي العباس محمد بن يزيد: الكامل في اللغة والأدب، تحقيق: د. محمد أحمد الدالي، مؤسسة الرسالة، الطبعة الثانية، 1993، ج1/ ص239.

37 – ابن رشيق: العمدة في محاسن الشعر وآدابه، مرجع سابق، ص 168.

38 – محمــد عبده، مقدمة كتــاب: التلخيص في علوم البلاغة، للقزويني الخطيب، ضبط عبد الرحمن البرقوقي، الطبعة الثانية، دار الفكر العربي.

39 – يوســف أبو العدوس: الاســتعارة في النقد الأدبي الحديث، الأبعاد المعرفية والجمالية، الأردن، ط الأولى، 1997، ص104.

40 – ابن منظور: لسان العرب، مادة عنى.

41 – حازم القرطاجني: منهاج البلغاء وســراج الأدباء، مرجع ســابق، ص 18 – 19.

42 – ابن طباطبا: عيار الشعر، ص 23.

43 – حازم القرطاجني: منهاج البلغاء، ص 19.

44 – ابن المدبر: الرسالة العذراء في موازين البلاغة، ص: 247. – ضمن:

رسائل البلغاء، اختيار وتصنيف محمد كرد علي، لجنة التأليف والترجمة والنشر، القاهرة، 1365هـ – 1946م، ط3. الرسالة العذراء، ص: 247.

45 – الطيبي: التبيان في البيان، مرجع سابق، ص 9.

46 – السكاكي: مفتاح العلوم، مرجع سابق، ص 161.

47 – الجاحظ: البيان والتبيين، تحقيق: عبد السلام محمد هارون، دار الكتب العلمية 1987. ج1/ص55.

48 – الجاحظ: الحيوان، مرجع سابق، ط 1992. ص 370.

49 – الرازي فخر الدين: نهاية الإيجاز في دراية الإعجاز، دار العلم للملايين، 1985، ص 150.

50 – ابن الأثير ضياء الدين: كفاية الطالب في نقد كلام الشاعر والكاتب، تحقيق: د. نوري حمودي القيسي، د. حاتم صالح الضامن، د. هلال ناجي. منشورات جامعة الموصل، ص40.

51 – نفسه: ص 43.

52 – ابن المعتز: البديع، تحقيق عرفان مطرجي، مؤسسة الكتب الثقافية، ط الأولى، 2012، ص 10.

53 – صفي الدين الحلي: شرح الكافية البديعية في علوم البلاغة ومحاسن البديع، مرجع سابق، ص 14.

54 – الطيبي: التبيان في البيان، مرجع سابق، ص 185.

55 – ابن خلدون: العبر وديوان المبتدأ والخبر (مقدمة)، تحقيق: المستشرق الفرنسي: أ . م كاترمير، عن طبْعة باريس 1858، لبنان. 1996، ج1 ص 460.

56 – السجلماسي أبو محمد القاسم: المنزع البديع في تحنيس أساليب البديع، تقديم وتحقيق علال الغازي، مكتبة المعارف الرباط، ط الأولى، 1980، ص 180.

57 – الجوهري: الصحاح تاج اللغة العربية وصحاح العربية، مراجعة محمد محمد تامر وآخرون، دار الحديث، القاهرة، 2009. ج5 ص2083 (باب النون).

58 – ابن قتيبة: تأويل مشكل القرآن، شرح ونشر أحمد صقر، بيروت، 1981، ص 20.

59 – الجاحظ: البيان والتبيين، مرجع سابق، ج1/ ص162.

60 – نفسه: ج 1/ ص162.

61 – ابن رشيق: العمدة في محاسن الشعر وآدابه، مرجع سابق، ص 168.

62 – الخطيب القزويني: التلخيص في علوم البلاغة، ضبط عبد الرحمان البرقوقي، دار الفكر العربي، ط الثانية، 1932. ص29.

63 – نفسه: ص 26.

64 – السكاكي: مفتاح العلوم، مرجع سابق، ص 162.

65 – ابن وهب: البرهان في وجوه البيان. ص 16.

66 – الطيبي: التبيان في البيان، مرجع سابق، ص 9. ص 11.

67 – محمد الجرجاني: الإشارات والتنبيهات في علم البلاغة، تحقيق: د. عبد القادر حسين، دار نهضة مصر، القاهرة، 1981، ص167 – 168.

68 – ابن رشيق: العمدة في محاسن الشعر وآدابه، مرجع سابق، ص 170.

69 – الجاحظ: البيان والتبيين، مرجع سابق، ج1/ ص6.

70 – أبو زيد القرشي: جمهرة أشعار العرب، مرجع سابق، ص 43.

71 – ابن منظور: لسان العرب: مادة عيي.

72 – الراغب الأصفهاني: محاضرة الأدباء ومحاورات الشعراء والبلغاء، تخريج إبراهيم زيدان، مكتبة الهلال، مصر، 1902، ص28.

73 – الجاحظ: البيان والتبيين، مرجع سابق، ج 1/ ص32.

74 – نفسه: ج1/ص12.

75 – الجاحظ: البيان والتبيين، مرجع سابق، ج1/ ص162.

76 – نفسه: ج1/ص116.

77 – ضياء الدين بن الأثير كفاية الطالب في نقد كلام الشاعر والكاتب، مرجع سابق، ص 40.

78 – ابن سلام الجمحي: طبقات فحول الشعراء، مرجع سابق، ص: 56.

الفصل الثاني:

من الأحكام والتصورات البلاغية إلى المقاربات المنهجية للقصيدة العربية

1 - نشأة الأحكام النقدية: ما قبل المقاربات المنهجية للشعر:

وصلت إلينا القصيدة العربية، من عصر ما قبل الإسلام، وما يصطلح عليه بالعصر الجاهلي، كاملة ناضجة بالغةً ذروةَ الإبداع، خاصة المعلقات وغيرها من قصائد الشعر العربي، التي احتفظت بها المدونات والمختارات الشعرية، بالرغم من محاولة بعض الدراسات التشكيك في بعضها أو معظمها، كما نجده عند صاحب طبقات الشعراء، ابن سلام الجمحي، وأثيرت المسألة مع بعض المستشرقين، ثم مع طه حسين، لكنها لمْ تؤثر على مَا تَرسّخ بشكل عميق، أن مجمل الشعر العربي، عَبّر عن فترة ما قبل الإسلام الممتدة عبر مئتي سنة أو أكثر، حسب ابن سلام الجمحي. وصاحَبَ هذا المنجز كلامٌ مستفيضٌ، حول هذه القصائد وملابساتها، وقيمتها الفنية، ممّا شكّل بذوراً لنقد الشعر، الذي سيتطوّر ليصبح نقداً منهجياً، خاصة في القرنين الثالث والرابع الهجريين، حيث تطور العلوم.

وتكشف البذور الجنينية للنقد في العصر الجاهلي عن كون الأحكام النقدية حول الشعر مهّدت لِما يُسمى بالطبقات والفحولة في الشعر، هذا التصنيف النقدي الذي تطور من خلال السؤال المطروح في جلّ

النماذج، مَنِ الأشعر؟ وبشكل ضمني أو صريح، من الأعلى مرتبة في البلاغة؟ فابن سلام يروي خبر أبان بن عثمان البجلي عن الشاعر لبيد عندما مرّ بالكوفة «في بني نهْد فأتبعوه رسولاً سؤولاً يسأله من أشعر الناس؟

قال: الملك الضليل! فأعادوا إليه، قال: ثم من قال: الغلام القتيل؟ غيرُ أبان ابن العشرين، يعني طرفة، قال: ثم منْ؟ قال الشيخ أبو عَقيل، يعني نفسَه..

فاحتج لامرئ القيس منْ يُقدّمه، وليس أنّه قال ما لم يقولوا، ولكنه سبقَ العربَ إلى أشياءَ ابتدعها، استحسنتْها العرب واتّبعته في الشعر منه: استيقاف صحبه والبكاء في الديار ورقّة النسيب وقرب المأخذ، وشبّه النساء بالظباء والبيض، والخيل بالعقبان والعصي، وقيّد الأوابد وأجاد في التشبيه، وفصل بين النسيب وبين المعنى، وكان أحسن طبقته تشبيها، وأحسن الإسلاميين تشبيها ذو الرمة...»[(1)].

وبالرغم من أن الشاعر لبيد مخضرم، فقد ركز في جوابه على ما قبل الإسلام؛ لذا فإن الأحكام النقدية التي وردت تكشف عن هذا النقد الذي كان في هذه الفترة، ومن خلاله يتبين أن معايير الحكم على الشعراء، انطلق من التفاضل بين الشعراء، من هو الأشعر؟ والسؤال يكشف أيضاً عن كون الشعر لا يُمثل الشاعر فقط، بل يُبطن في طياته القبيلة؛ لذا كان الافتخار بأشعر شاعر غير منفصل عن البعد القبلي، إلا أنه ينطوي على معايير جمالية تعكس المرجعيات الثقافية للذائقة الشعرية فيما قبل الإسلام. إن انتقاء هؤلاء الشعراء يعلن عن ذائقة شعرية معينة، كما أن المعايير المعبر عنها تؤسس للنقد العربي القديم

من مثل: السبق على مستوى المعاني وهو ما يفسر التجديد على مستوى المعاني خاصة البناء الفني، وتصدر الأحكام عن البلاغة قبل التقعيد الشبيهة بالنحو والصرف والعروض قبل التقعيد، وتبرز هذه الأحكام خصائص بلاغية تستشف من قراءة الإبداع الشعري، وتداول النقاش عن شعرية الشعر وشاعرية الشعراء، فمثلاً «ما روي عن أبي عبيدة قال: مرّ المسيب بن علس بمجلس بني قيس بن ثعلبة فاستنشدوه، فأنشدهم:

أَلا اِنعِـم صَباحـاً أَيُّها الرَبعُ وَاِسـلَمِ
نُحَيِّيـكَ عَـن شَـحطٍ وَإِن لَـم تَكَلَّـمِ

فلما بلغ قوله:

وَقَـد أَتَناسـى الهَمَّ عِنـدَ اِحتِضارِهِ
بِنـاجٍ عَلَيـهِ الصَيعَرِيَّـةُ مُكدَمِ

فقال طرفة وهو صبي يلعب مع الصبيان: «استونق الجمل»؛ لأن «الصيعرية» صفة تكون في عنق الناقة لا في عنق البعير»[2]. ووظفه صاحب عيار الشعر فيما سماه بالشعر القاصر عن الغايات[3].

وتناول النقدُ الأدبيّ هذا المثال وغيرَه، بعيداً عن البلاغة، يحجب عنا التطور الطبيعي الذي عرفته البلاغة، قبل تقعيد مصطلحاتها، وتحديد جهاز مفاهيمها؛ فعندما يُعاب على الشاعر المسيّب استعماله لفظ «الصيعرية» فإن ذلك مرده إلى الاستعمال والثقافة، حيث اعتبر لفظ الصيعرية سمة في عنق الناقة لا البعير – كما استعملها العرب – لذا اعتبر استعمال المسيب لها في هذا السياق خطأ، وما هو لغوي

ليس حبيس الاستعمال والتداول، بل يتعداه إلى ما هو بلاغي، فإما أن نقبل الاستعمال على أساس أنه عدول وتوسّع، أو أننا نجعل من الاستعمال الأنسب بلاغة وحسن اختيار للألفاظ وإفهام وبيان، إن الأمر لا يخرج عن دائرة البلاغة التي كانت سليقة كاللغة، ولا نعتقد أن الشاعر يجهل لغته، لكن التلقي يخضع لبلاغة ببعدها الثقافي.

وممّا ترويه المصادر أيضاً، حكاية أم جندب المشهورة التي احتكم إليها كل من زوجها وعلقمة، أيهما أشعر؟

حيث «قال علقمة:

ذَهَبْتَ منَ الهِجْرَانِ في كُلّ مَذْهَبِ
ولم يَكُ حَقّاً كُلُّ هذا التَّجَنُّبِ

ثم أنشداها جميعاً، فقالت لامرئ القيس: علقمة أشعر منك، فقال: وكيف ذاك؟ قالت: لأنك قلت:

فللسَّوْطِ أُلْهُوبٌ ولِلساق دِرَّةٌ
وللزَّجْرِ منه وَقْعُ أَخْرَجَ مُهْذِبِ

فجهدت فرسك بسوطك، ومريته بساقك، وقال علقمة:

فأَدْرَكَهُنَّ ثانِياً من عِنانِهِ
يَمُرُّ كمَرِّ الرائِحِ المُتَحَلِّبِ

فأدرك طريدته وهو ثانٍ من عنان فرسه، لم يضربه بسوط، ولا مراه بساقٍ، ولا زجره، قال: ما هو بأشعر منك ولكنك له وامقٌ!

فطلقها فخلف عليها علقمة، فسمي بذلك الفحل. ويقال: بل كان في قومه رجل يقال له علقمة الخصي، ففرقوا بينهما بهذا الاسم»[4].

ما يهمنا في هذا الأنموذج من بدايات نقد الشعر، هو أن النقد تأسس على أساس وحدة موضوع النقد، إذ الانطلاق من الشعر موضوعاً للنقد، ثم موضوعه وبحره وقافيته ورويه، بل حتى الصورة الشعرية؛ إذ إن كليهما يصف جري فرسهما، وأم جندب تعي هذه العناصر الأساسية في الشعر، وتقيم موازنتها عليها، لتنتقل من المشترك إلى المفترق؛ «فإذا كان امرؤ القيس قد أتعب فرسه بضربه حتى يسرع، فإن علقمة وصف فرسه بسرعته وهو يلحق بصيده، فقد ثنى عنانه ولم يضربه ولم يجهده، وهو ما استحسنته أم جندب، وبذلك تقيم المفاضلة على أساس معايير جمالية خارجة عن النص الشعري، إذ إن ضرب الفرس اعتبرته أم جندب قيمة فيها منسوب من القبح واشمأزت منه؛ لذا فضّلت وصف علقمة على زوجها امرئ القيس، وربما هي قيم اجتماعية كانت سائدة، ولها استمرارية في حياة الإنسان إلى يومنا هذا، ثمّ محاولة التعليل التي لجأت إليها أمّ جندب، وهي تواجه اعتراضاً من قبل امرئ القيس، ويمكن الانتباه إلى مسألة ذات أهمية قصوى في الدراسة النقدية، وهي أن الشعر لم يكن ثقافة رجولية مقتصراً عليها، فالاحتكام إلى امرأة من قبل شاعرين من فحول شعراء ما قبل الإسلام مسألة نشكك فيها، لولا وجود هذا النص الذي يوثق الواقعة. وما يهمنا في هذه الحكاية أن النقد الشعري كان فطرياً ينطلق من ذوق المتلقي حول من أشعر في بيت أو أبيات أو في شعر ما، وهو السؤال الذي تمحور حوله الانطباع النقدي العربي

في العصر الجاهلي، لكن الجواب عنه تعدد وتركز على جانب من جوانب الإبداع، وهنا تضع أم جندب يدها على المعنى وفق قيم جمالية تتعلق برؤية إنسانية في الإبداع باعتباره جمالاً روحياً وقيماً إنسانية، وقد مهد هذا لتطور الكتابة النقدية، خاصة مع ابن سلام والأصمعي التي تحكمت فيها مفهوم الفحولة في الشعر، والأمثلة كثيرة لا يتسع المجال لها في هذه الدراسة.

واستمرّ هذا التعاطي مع الشعر، بالرغم من أن الإسلام غيّر الشيء الكثير في حياة الإنسان، وطرأت تحولات أثّرت على الإبداع، خاصة بعد نزول القرآن كأنموذج مغاير على مستوى التجنيس، وانشغال الناس بالفتوحات والحروب التي نشبت، فكان لها تأثير على الشعر خاصة، سواء على المستوى الكمي أو الخصائص النوعية، وضاع الشعر مع موت بعض الشعراء والرواة، في غياب التدوين، وتغيرت بعض مواضيع أو أغراض الشعر، فكان لا بدّ للنقد – على بساطته – أن يطرأ عليه تغيير، وأن يعبر عن الذائقة والحساسية الجديدة الملتصقة بقيم إسلامية ملغيةً قيماً تتنافى معها، بل ومقبرة أو ملجمة لأصوات شعرية معادية للإسلام، سواء على مستوى الهجاء أو التشكيك في الدعوة الإسلامية، وهي مسألة بدهية عند كل تغيير إيديولوجي يشكل منعطفاً جديداً في تشكل نظام سياسي / ديني جديد، فإذا أخذنا هذا الأنموذج الذي أثبته المبرد، بعد إنشاد الشاعر سحيم عبد بني الحسحاس قوله:

عميـرة وَدّع إنْ تَجَهّـزْت غادِيـا

كَفَى الشّـيبُ والإسـلامُ لِلْمرءِ نَاهِيا

« فقال عمر: لو كنتَ قدّمتَ الإسلامَ على الشيب لأجزتك...»[5].

وهو ما يكشف عن هذه الرؤية الإسلامية التي أصبحت تتحكم في الحكم على الشعر، لكنها رؤية نقدية، تعي ما لتقديم شيء على شيء من إعطاء الأهمية ولمكانة المقدم على المؤخر، في سياقات متعددة. وما يهمنا هنا هو توجيه الانتباه إلى أن المسألة مرتبطة بالبلاغة، فالتقديم والتأخير كما تناوله عبد القاهر الجرجاني في الدلائل، مبحث بلاغي، وهو ما لا يشار إليه؛ لذا فإننا نؤكد أن الوعي البلاغي كان حاضراً عند تلقي الشعر والحكم عليه، كما نجده أيضاً في إثارة مصطلح المعاظلة[6]. فقد روي عن ابن عباس أنه قال: قال لي عمر بن الخطاب رضي الله عنه: «أنشدني لأشعر شعراءكم، قلت من هو يا أمير المؤمنين؟ قال: زهير، قلت ولم كان كذلك؟ قال: كان لا يعاظل بين الكلام ولا يتتبع حوشيه، ولا يمدح الرجل إلا بما فيه»[7].

والذي يطّلع على النقد الأدبي منذ عصر ما قبل الإسلام مروراً بفترة الخلفاء وصولاً إلى العصر الأموي، يقف على آراء نقدية نابعة من ثقافة الإبداع الشعري، ومن بيئة شعرية ترسّخت فيها ذائقة شعرية تعي شروط الإبداع ومعاييره، وتميز بين الرديء والجيد من الشعر، وتعرف كيف تفصل بين الشعراء مفاضلة، بل تكشف عن رؤية نقدية ثاقبة، لا تحتاج إلى تنظير مسبق، لأن الأذواق مازالت على سليقتها، فلم يحتج العربي إلى النحو السيبويهي، إلّا بعد انتشار اللحن وفساد الاستعمال اللغوي لعوامل معروفة، كما أن العلوم نضجت بفعل التطور الذي عرفته شبه الجزيرة العربية، وانتقال الحجاز إلى الحضارة أو المدنية، ثم انتقال الخلافة إلى العراق والشام، والتطور في

الحياة الاجتماعية الذي انعكس على الحياة الثقافية، وظهور مدارس في الفقه والأدب، وظهور ثنائيات تتصارع وتتحاور وتتعايش، مثل الغزل العذري والغزل الإباحي. وهذا التفاعل بين الاتجاهات أثمر في مجال النقد، وخير من يمثل النقد في العصر الأموي ابن أبي عتيق إلى جانب من عاش في هذه البيئة المتحركة التي بدأت رياح التغيير تهب عليها، وتعصف بمفاهيم أصبحت تقاوم التغيير، بالرغم من أن القطيعة أو شبهها لا يمكن الحديث عنها، والأهم أن النقد بدأ يتعمق في تمحوره على شعراء يمثلون اتجاهاً معيناً، تمهيداً للنقد الذي سيأتي بشكل أكثر نضجاً في العصر العباسي، والذي أفرزته الخصومة الأدبية النقدية حول الطائيين البحتري وأبي تمام، وكذا حول المتنبي. والأمر يتعلق بالمفاضلة بين عمر بن أبي ربيعة ونصيب بن رباح وكثيّر وجرير والفرزدق، وغيرهم. وهي مفضليات تستند إلى معايير وحدة الغرض والوزن وأحياناً الصورة، ويمكن الوقوف على قول ابن أبي عتيق: «لشعر ابن أبي ربيعة نوطة بالقلب، وعلوق أكثر مما عصى بشعر عمرو بن أبي ربيعة، فخذ عني ما أصف لك: أشعر الناس من دقّ معناه، ولطف مدخله، وسهل مخرجه، ومتن حشوه، وتعطفت حواشيه، وأنارت معانيه، وأعرب عن حاجته»[(8)].

وهذا النقد لا يمكن أن يصدر إلّا عن مُتذوق للشعر ناقد عارف بمعاييره، مميز بين مستوياته البلاغية، فهو ينطلق من المنجز الشعري، ليصل إلى تنظير عام للشعرية العربية، ويمثل المعنى منصة النقد والتحليل، وما يرتبط به من الغرض والصور والبلاغة إلى البناء: الاستهلال والحشو، من اللطف إلى المتانة ثم السهولة، أي

التدفق والانسيابية التي تسيل فيها القصيدة بين مستويات ومتواليات بنائها، وبين دقة المعنى وإنارة المعاني تكمن الرؤية التحليلية النقدية للشعر، حيث الحديث عن الإصابة في المعنى بالمفهوم البلاغي إلى تأويلية النص الشعري، ثمّ مقصد الشاعر والإعراب عن الرؤية والرؤيا، والأحاسيس والمرامي، لا يهم أن نقرأ إشارات ابن عتيق خارج سياقها التاريخي لنقحم مفاهيم لم يقصدها، ففي حدود النص وحَرْفيته نقف على آراء مهمة وذات قيمة نقدية، وهي تعكس ما تأسس عليه النقد المنهجي عند العرب فيما بعد هذه المرحلة من بدايات النقد والبلاغة الشعرية.

وحتّى إذا اعتبرنا أن ما صدر في هذه المرحلة، مجرّد انطباع نابع من سليقة وذوق؛ فإنه يُؤسس لمفاهيم الأحكام النقدية، وإن لم تستطع أن يبلور مفهوماً يحدد ولادة النقد المنهجي. وربما لم تكن هناك حاجة ماسة للنقد، لكون الإبداع الشعري كان منتشراً بين مجموعة كبيرة من المهتمين، فنجد أم جندب يُحتكم إليها، ناهيك عن وجود شواعر مثل الخنساء وليلى الأخيَليّة وغيرهما، إضافة إلى طرفة وهو لم يبلغ السادسة عشرة من عمره، لهم وقفات مع الشعر؛ وبعدهم الخلفاء الراشدون ونتف من الوقفات النقدية في العصر الأموي، خاصة مع ابن عتيق، مِمّا يدلّ على أنّ الشعرَ لمْ يُصبح إبداع مناسبات بل إبداعاً يعايشه الإنسان العربي بشكل يومي، ممّا جعل الذائقة الشعرية متعارفاً عليها بالسليقة والطبيعة والعفوية والذوق الجمالي للتلقي الجماعي، وربما ما يرصد في هذه النتف من الأحكام الذوقية الانطباعية للمفاضلة بين الشعراء، أو استحسان أشعارهم، هو المقصود في إشارات كتب

النقد إلى السابقين، فهذا القاضي الجرجاني يرى أن العرب كانت «تفاضل بين الشعراء في الجودة والحسن بشرف المعنى وصحّته، وجزالة اللفظ واستقامته، وتُسلّم السّبق فيه لِمن وَصَفَ فأصاب، وشبّه فقارب، وبَدَهَ فأغْزر، ولمن كثُرت سوائر أمثاله، وشوارد أبياته، ولم تكن تعبأ بالتجنيس والمطابقة، ولا تحفل بالإبداع والاستعارة، إذا حصل لها عمود الشعر، ونظام القريض»[9]، بالرغم من أن العلوم لم تتطور ولم يكن هناك تدوين للشفهي النثري الذي لم تحتفظ به الذاكرة بنفس ما احتفظت بالشعر، الذي تناقله الرواة.

وبعد التطور الثقافي والحضاري، وتطور العلوم اللغوية خاصة، أصْبح الاشتغال بالشعر شبيهاً بالصناعات الأخرى التي عرفتها الحضارة العربية، فـ «للشعر صناعة وثقافة يعرفها أهل العلم كسائر أصناف العلم والصناعات، منها ما تثقفه العين، ومنها ما تثقفه الأذن، ومنها ما تثقفه اليد، ومنها ما يثقفه اللسان، من ذلك اللؤلؤ والياقوت لا يعرف بصفة ولا وزن دون المعاينة ممن يبصره، ومن ذلك الجهبذة بالدينار والدرهم لا يعرف جودتها بلون ولا مس ولا طراز ولا حسٍّ ولا صفة، ويعرفها الناقد عند المعاينة، فيعرف بهرجها وزائفها...»[10].

هكذا يسهم ابن سلام في تأسيس نقد منهجي، يحدد موضوعَه، ويُحاول وضع جهاز مفاهيمه، ويستقل عن الصناعات والعلوم الأخرى، وأنْ يجعل من صناعة الشعر تخصّصاً يمارسه أهل الاختصاص، وليس أي كان، خاصة وأن مرحلة الاعتماد على الذوق وحده بدأ تجاوزها، وأصبحت المعايير النقدية تتوضح شيئاً فشيئاً

لتتبلور وتنضج كعلم، قال أبو الفرج قدامة بن جعفر (ت 237 هـ): «العلم بالشعر ينقسم أقساماً؛ فقسم ينسب إلى علم عروضه ووزنه، وقسم ينسب إلى علم قوافيه ومقاطعه، وقسم ينسب إلى علم غريبه ولغته، وقسم ينسب إلى معانيه والمقصد به، وقسم ينسب إلى علم جيده ورديئه.

وقد عني الناسُ بوضع الكتب في القسم الأول إلى الرابع عناية تامة، فاستقصوا أمر العروض والوزن، وأمر القوافي والمقاطع، وأمر الغريب والنحو، وتكلموا في المعاني الدال عليها الشعر، وما الذي يريد بها الشاعر.

ولم أجد أحداً وضع في نقد الشعر وتخليص جيده من رديئه كتاباً، وكان الكلام عندي في هذا القسم أولى بالشعر من سائر الأقسام المعدودة، لأن علم الغريب والنحو وأغراض المعاني محتاج إليه في أصل الكلام العام للشعر والنثر، وليس هو بأحدهما أولى من الآخر، وعلْمَا الوزن والقوافي، وإن خصا الشعر وحده، فليست الضرورة داعية إليها، لسهولة وجودهما في طباع أكثر الناس من غير تعلم، ومما يدل على ذلك أن جميع الشعر الجيد المستشهد به إنما هو لمن كان قبل واضعي الكتب في العروض والقوافي، ولو كانت الضرورة إلى ذلك داعية لكان جميع الشعر فاسداً أو أكثره، ثم ما نرى أيضاً من استغناء الناس عن هذا العلم فيما بعد واضعيه إلى هذا الوقت، فإن من يعلمه صحة ذوق ما تزاحف منه أن يعرضه عليه، فكان هذا العلم مما يقال فيه: إن الجهل به غير ضائر، وما كانت هذه حاله فليست تدعو عليه ضرورة.

فأمّا علمُ جيّد الشعر من رديئه، فإنّ الناسَ يخبطون في ذلك منذ تفقهوا في العلم، فقليلاً ما يصيبون.

ولمّا وجدت الأمر على ذلك، وتبينت أن الكلام في هذا الأمر أخص بالشعر من سائر الأسباب الأخرى، وأن الناس قد قصّروا في وضع كتاب فيه، رأيت أن أتكلم في ذلك بما يبلغه الوسع، فأقول:

الفصل الأول: حد الشعر، صناعة الشعر... معاني الشعر...

الفصل الثاني: النعوت... نعت اللفظ.. نعت الوزن... الترصيع... نعت القوافي... نعوت المعاني الدال عليها الشعر... نعت المدح... نعت الهجاء... نعت المراثي... نعت التشبيه... نعت الوصف... نعت النسيب... المعاني الشعرية... صحة التقسيم... صحة المقابلات... صحة التفسير... أنواع نعوت المعاني... نعت ائتلاف اللفظ مع المعنى... نعت ائتلاف اللفظ والوزن... نعت ائتلاف المعنى والوزن...

الفصل الثالث: عيوب الشعر... عيوب اللفظ.. المعاضلة... الكلام في عيوب الوزن... الخروج عن العروض... التخليع... الزحاف... عيوب القوافي... عيوب المعاني... ذكر عيوب الهجاء... عيوب المراثي... الغزل... العيوب العامة للمعاني... نعت الوصف...»[(11)].

إن نقدَ الشعر، من خلال ما طرحه قدامة بن جعفر، بدَأ يؤسّس للتأليف والكتابة حول نقد منهجي، يُناقش ويصحّح النقد ذاته، وكأنه يريد تحقيق القطيعة الشبيهة إلى حدّ ما، بالقطائع الإبستملوجية بين المناهج الغربية الحديثة، فهو يرى أن «الناس يخبطون في ذلك [علم الشعر] منذ تفقهوا في العلم، فقليلاً ما يصيبون»، وهو ما يفيد نقض

الممارسة النقدية السابقة، وتصحيحها، ومحاولة تجاوزها منهجياً، وربما الارتقاء بها إلى العلمية، وقد سلك هذا المهيع الكثير من النقاد، فضياء الدين بن الأثير (558 هـ 637هـ) – مثلاً – يذهب إلى أن «علم البيان لتأليف النظم والنثر بمنزلة أصول الفقه للأحكام وأدلة الأحكام، وقد ألفوا الناس فيه كتباً، وجلبوا ذهباً وحطّبوا حطباً، وما من تأليف إلا وقد تصفّحتُ شينه وسينه، وسمينه، فلم أجدْ ما يُنتفعُ به في ذلك إلا كتاب «الموازنة».. وكتاب «سرّ الفصاحة»»[12].

وحاول النقد العربي القديم أن يبحث خصائص الشعر والشعراء، وكان هاجس التصنيف حاضراً، وتحدث معظمهم عن المهيع والطريقة والاتجاه وما إلى ذلك من المصطلحات التي تدل على الوعي التصنيفي وفق خصائص تميز مذاهب واتجاهات الشعراء، وممن أشار إلى هذا نجد الكثير من النقاد القدامى منهم أبو الحسن محمد بن أحمد بن إبراهيم ابن طباطبا العلوي (ت 322 هـ) صاحب كتاب «عيار الشعر» أبو الحسن علي بن عبد العزيز الجرجاني (ت 366 هـ) صاحب الوساطة وأبو سعيد الحسن بن عبد الله بن المرزباني السيرافي (ت 368 هـ) كتاب صنعة البلاغة والشعر، والحسن بن بشر الآمدي (ت 371 هـ) صاحب الموازنة، وأبو هلال الحسن بن عبد الله العسكري (ت 395 هـ) صاحب الصناعتين، وابن الأثير خاصة في «المثل السائر» وغيرهم، يقول هذا الأخير في كتاب آخر: «على أنه لا بدّ لكل شاعر من طريقة تغلب عليه، وينقادُ إليها طبعُه كأبي نواس في الخمر، وابن المعتز (ت 237 هـ) في التشبيه، وديك الجن في المراثي، والبحتري في اللطف، والصنوبري في ذكر الطير والنَّوْر، وأبي الطيب في الأمثال وذمّ الزمان.

وأما ابن الرومي فأولى باسم شاعر لكثرة اختراعه وحسن افتنانه، وقد غلب عليه الهجاء، حتى قيل: أهجى من ابن الرومي»[13].

وتعمّق النقاد بعد قدامة في كثير من القضايا المرتبطة بالإبداع الشعري، ومحاولة القبض على معايير جودته وأفاضوا فيها، وقيّدوا الشعر بما ينبغي له، حتى يرقى إلى مستوى الشعرية، ومن الأدوات التي أوجبها ابن طباطبا، يتضح لنا المكانة التي كانت للشعر والشاعر، حيث يرى أن من تعصت عليه بان الخلل والعيب في نظمه، والمتأمل في هذه الأدوات يتبين له ما كان يطمح إليه النقد من رقي بالشعر، فاشترط «التوسع في علم اللغة، والبراعة في فهم الإعراب، والرواية لفنون الآداب، والمعرفة بأيام الناس وأنسابهم، ومناقبهم ومثالبهم، والوقوف على مذاهب العرب في تأسيس الشعر، والتصرف في معانيه، في كل فن قالته العرب فيه، وسلوك مناهجها في صفاتها ومخاطباتها وحكاياتها وأمثالها، والسنن المستدلة منها، وتعريضها... وجزالة معانيها وحسن مبانيها، وحلاوة مقاطعها، وإيفاء كل معنى حظه من العبارة، وإلباسه ما يشاكله من الألفاظ حتى يبرز في أحسن زيّ وأبهى صورة... فتسابق معانيه ألفاظه، فيلتذ الفهم بحسن معانيه كالتذاذ السمع بمونق لفظه، وتكون قوافيه كالقوالب لمعانيه، وتكون قواعد للبناء يتركب عليها ويعلو فوقها.

وجماع هذه الأدوات كمالُ العقل الذي به تتميز الأضداد، ولزوم العدل وإيثار الحسن، واجتناب القبيح، ووضع الأشياء مواضعها»[14].

وهذا التوصيف للشعر لا يقف عند الحدّ المنطقي، بل يغوص في جوهره، ثمّ ظهرت المعايير الشعرية التوصيفية، الصارمة في بعض

الأحيان، وكان هاجس النقاد، وضع نحو للفنون كما للعلوم، بما في ذلك الشعر، لكنه كان عصيّاً، واصطدموا بجانبه الفنيّ الذي يصعب القبض عليه، بخلاف الإعراب والصرف أو أوزان الشعر، فقد استطاع الدارسون وضع أنحاء لها، بالرغم من بعض الاختلافات، مثل ما نجد بين المدارس النحوية، وهذا الهاجس أو الهدف، تحقق على المستوى النظري، مع صاحب «مفتاح العلوم»، وانتقد هذا المشروع البلاغي الضخم، بدعوى أنه حجّر البلاغة التي تحوّلت معه إلى قوالب وقواعد تحنّط الإبداع، فكانت الدعوة للعودة إلى المشروع البلاغي الذي توقف عند عبد القاهر الجرجاني، لكننا عندما نعود إلى جلّ الكتابات البلاغية التي سبقت السكاكي، نجد هاجس التقعيد، أو الضبط للمفاهيم والمصطلحات البلاغية حاضراً، وهو ما عبّر عنه قدامة بن جعفر، عندما ذهب غياب التأليف، في نقد الشعر وتخليص جيده من رديئه، وأنّ العلم بـ«جيّد الشعر من رديئه، فإن الناس يخبطون في ذلك منذ تفقهوا في العلم، فقليلاً ما يصيبون»[15].

وتطرق ابن قتيبة (ت 286 هـ) لمراتب الشعر، واضعاً معايير البحث عن بلاغة الشعر، من خلال ثنائية اللفظ والمعنى، وهو بذلك يحاول أن يقبض منهجياً على جمالية الشعر، والتحليل في جميع المناهج يعيد المركب إلى أجزائه، حتى يحللّ الجزئيات والمكونات، ولا نعتقد أن هناك وعياً نقدياً فاصلاً بين اللفظ والمعنى، أو جهلاً بهذه العلاقة اللزومية، لكن مجهر النقد والبلاغة ترى هذه المكونات منفصلة، حتى يتبيّن لها التناسب والتشاكل والمنافرة والتباين، فهو يرى الشعر أربعة أضرب:

أ – ضرب منه حسن لفظه وجاد معناه.

ب – ضرب منه حسن لفظه وحلا فإذا أنت فتشته لم تجد هناك فائدة في المعنى.

ج – وضرب منه جاد معناه وقصرت ألفاظه عنه.

د – وضرب منه تأخر معناه وتأخر لفظه.

لكن هذا التوصيف لا يحدّ الشعر في هذه الحدود المنطقية، بل إنها تمثل منطلقاً للدراسة الفنية، فكلّ هؤلاء النقاد عندما يحللون الشعر، أو بيتاً منه، فإنهم يقفون على الظاهرة الفنية التي يثيرها، وهو ما نجده عند ابن قتيبة وغيره، وعملية بتر النصوص من سياقها العام لا يعطي صورة واضحة لنقد الشعر، كما أن ثنائية اللفظ والمعنى على مستوى تحليل الشعر لم يكن هناك محيد عنها، فالآمدي والقاضي الجرجاني والصولي وغيرهم من النقاد الذين اشتغلوا على الشعر لم يكن اشتغالهم على أبياته ومقطعاته وقصائده إلا في ضوء هذه الثنائية، ويبدو هذا واضحاً حتى في تنظيرات بعض النقاد، إذ تبدو المعاني والألفاظ ممكنة الفصل والتمييز بينهما، وجعلهما ثنائية لمفردتين منفصلتين على الأقل منهجياً، ويصبح التقييم الجمالي لكل مكون أمراً ممكن رؤيته بمجهر البلاغة، فهذا صاحب عيار الشعر يرى هذه الثنائية من خلال أمثلة، فيرصد «أمثلةً للأشعار المحكمة الرصف، المستوفاة المعاني، السَّلسلة الألفاظ، الحسنة الديباجة، وأمثلة لأضدادها، وننبه على الخلل الواقع فيها، ونذكر التي قد زادت قريحة قائليها فيها على عقولهم، والأبيات التي أغرق قائلوها فيما

ضمنوها من المعاني... والألفاظ المستكرهة النافرة، الشائنة للمعاني التي اشتملت عليها، والمعاني المسترذلة الشائنة للألفاظ المشغولة بها..»[16]، إذ يلاحظ تضمين التقسيم الشعري لابن قتيبة، واعتبار المعاني منفصلة عن اللفظ، بحيث يَحسن أو يُمجّ ويسقط أحدهما، وهو ما جعله يصف المعاني بالمسترذلة والشائنة والواهية وفي المقابل البديعة والعجيبة، ونفس الشيء بالنسبة للألفاظ بالمستكرهة النافرة، وغيرها من الأوصاف، التي تخصّ أحدهما، وإن أثّرت على المكون الثاني، للعلاقة الجدلية بينهما، فإن الفصل المنهجي يبقى ممكناً في التصور النقدي عند جلّ النقاد / البلاغيين، وهو ما نقرأه كذلك في تبويب الكتب، بحسب ثنائية اللفظ والمعنى، كما في عيار الشعر، مثلاً، الأبيات التي أغرق قائلوها في معانيها، الأشعار المحكمة المتقنة المستوفاة المعاني، المعاني المشتركة «السرقات»، الشعر الحسن اللفظ الواهي المعنى، الشعر الصحيح المعنى الرث الصياغة، المعنى البارع في المعرض الحسن، وغيرها من المباحث التي تدلّ على هذا الفصل المنهجي بين اللفظ والمعنى، كما يلاحظ عند النقاد إيراد أشعار تلو أشعار، باعتبارها تمثل هذه البراعة واللطف والدقة وعدم التكلف في المعاني، ونبقى مع صاحب عيار الشعر، حيث أورد في فصل: الأبيات التي أغرق قائلوها في معانيها؛ أبياتاً للطرماح وامرئ القيس والنابغة والفرزدق وجرير وأبي نواس وبكر بن النطاح وزهير بن أبي سلمى وأبي ذؤيب والنمر بن تولب وعنترة والأسود بن يعفر والقطامي وذي الرمة وسلّامة بن جندل والراعي وأبي النجم وعبد الشارق بن عبد العزى الجهني والمثقب العبدي وعدي بن زيد التميمي وعبد المالك بن عبد الرحيم الحارثي، معتبراً إياها من الشعر

المحكم المتقن والمستوفى لمعانيه، مذيلاً فصله بقوله: «فهذه الأشعار وما شاكلها من أشعار القدماء والمحدثين أصحاب البدائع والمعاني اللطيفة الدقيقة تجبُ روايتُها والتكثر لحفظها»[17].

2 - تطور مقاربات النص الشعري: من المعجم إلى البلاغة:

إنّ مواجهةَ النص الشعري وتحليلَه، ووضعَه تحت مجهر النقد، لم تكن عملية بسيطة، بل مركبة ومعقدّة، إذْ هذه العملية تستند إلى تصورات نظرية، وعلى ثقافة لدخول غمار النص، على مستويات متعددة، وهو ما يمكن أن يدخلنا مجال النقد التطبيقي، الذي لا يمارس إلا من خلال النقد النظري، وهو في أبسط تعريف له: «النقد الذي يعالج النصوص الشعرية معالجة مباشرة، تنصرف إلى شاعر أو أكثر، وتركز على معالجات نصية أكثر مما تهدف إلى صياغة مفاهيم كلية، وذلك من خلال مشكلات وقضايا متعددة»[18]. ويمكن اعتبار الشروح الأدبية نقداً تطبيقياً، يعمل على سبر أغوار النص ويحلله تحليلاً وفق منهجية يتبعها الشارح / الناقد، ومما لا شك فيه أن هناك دواعي موضوعية، دفعت بالشروح الأدبية أن تنشأ وتتطور، وأولها طبيعة النص الأدبي، فالأدب خطاب متميز، ونظام معقد لَه هويته الخاصة، فهو مجموعة من العلامات، ومتن لغوي لَه خصوصيته، وهو مَصب خطابات متعددة، يلتقي فيه: الخطاب التاريخي، والخطاب الديني، والخطاب الاجتماعي... والنص الأدبي عبارة عن حضور لمجموعة من النصوص، يختزنها ويختزن معها ثقافة أمة، وهو أيضاً تشكيل

جمالي في الزمان والمكان، يتفاعل مع القارئ ويتجدد بفعل القراءة.

وفهم النص على هذا النحو، يعني فهم مكوناته، وإيحاءاته الدلالية، وأبعاده الجمالية، وفهمه باعتباره ظاهرة معقدة، كما أن هذا الفهم لا يمكن أن يكون واحداً، بل تتعدد قراءة النص بتعدد مستويات القراءة من الفهم البسيط إلى أرقى مستويات الفهم والإدراك.

لذا كانت الحاجة إلى الشروح محاولة لكشف النص الإبداعي وإضاءته ومساعدة القارئ على التلقي، وقد اهتدى النقد الحديث إلى هذه المسألة، على اعتبار أن «النص يتميز عن الأنماط الأخرى من التعبير بتعقده الكبير، والسبب في ذلك هو نسيج من المسكوت عنه Non.dit، فالمسكوت عنه هو الذي يجب تحقيقه في مستوى تحقق المضمون بالضبط، وهكذا فإن النص هو الأكثر تمظهراً من كل رسالة أخرى؛ لأنه يتطلب حركات متآزرة حية وواعية من طرف القارئ»[19]. وشرح النص إما أن يكون محاولة لفك شفرة النص، قصد مدّ خيوط التواصل بينه وبين المتلقي، أو محاولة لتجاوز هذا المستوى إلى تأويل النص وقراءة ما بين السطور.

وقد بدأ الشرح في تاريخ الأدب العربي بالمستوى الأول، حيث حاول الشارح القبض على المعنى والتحكم في لغة النص، وإجلاء الغموض، فكان الشارح مجرد قاموس لغوي يتحكم في السياق، وقد زخر التراث العربي بهذه الوقفات، التي كانت تمهد لظهور التأليف في هذا المجال، واستدل الباحثون بهذه الوقفات على بداية النقد الأدبي عند العرب، والشروح الأدبية لم تتطور إلا بالموازاة مع تطور النقد

النظري، والنقد التطبيقي مع الموازنات التي أثارتها الخصومة حول الطائيين وحول المتنبي، فالموازنة للآمدي والوساطة للقاضي الجرجاني لم تبتعد هذه الكتب عن تحليل النصوص الشعرية عن طريق المقارنات والموازنات، ليس فقط بين الطائيين بالنسبة للآمدي، وليس فقط للمتنبي بالنسبة للقاضي الجرجاني، بل للشعر العربي في تلك المرحلة، وبذلك قدّم كل منهما مقاربة للشعر العربي، ويرى الجرجاني أن العرب كانت «تفاضل بين الشعراء في الجودة والحسن بشرف المعنى وصحته، وجزالة اللفظ واستقامته، وتسلّم السّبْق فيه لمن وصف فأصاب، وشبّه فقارب، وبدَهَ فأغزر، ولمن كثُرت سوائر أمثاله وشوارد أبياته؛ ولم تكن تعبأ بالتجنيس والمطابقة، ولا تحفل بالإبداع والاستعارة إذا حصل لها عمود الشعر، ونظام القريض»[20].

ثم يورد مجموعة من الأشعار التي تحققت فيها الاستعارة لزهير ولبيد وابن الطّثَرية والحارث بن حلزة وأبي نواس وغيرهم، وهي منهجية اتبعت في جل الدراسات القديمة، حيث إن التحليل للشعر سواء في الكتب التنظيرية أو التطبيقية جعلت من النظائر الشعرية المستند الأساس في التحليل، وهو خاصية أساسية للشروح الأدبية، التي كان التأليف فيها، انطلاقاً من القصيدة، قيد التحليل، مناسبة لجمع أشعار في ثيمات وظواهر لغوية ونحوية وبلاغية...، مما شكلت منهجية في المقاربات التراثية للشعر العربي، خاصة على مستوى البلاغة التي تدرك بعد تحديدها نظرياً، بشواهد شعرية، وهي نفس المنهجية المتبعة في المعاجم العربية القديمة.

هوامش الفصل الثاني:

1 – ابن سلام الجمحي: طبقات فحول الشعراء، مرجع سابق، ص 42.

2 – الشعر والشعراء، لابن قتيبة: ج1، ص183، والبيتان في ديوان المتلمس، ص148. تعددت روايات الخبر: انظر: الموشح، ص110 – 111. الفيروز أبادي: القاموس المحيط، ج2، ص69، وينظر ابن فارس: معجم مقاييس اللغة، ج3، ص288 – 289.

3 – ابن طباطبا: عيار الشعر، مرجع سابق، ص 99.

4 – ابن قتيبة: الشعر والشعراء، تحقيق: مفيد قميحة، دار الكتب العلمية، بيروت، ط الأولى، 1981. ج1 ص39.

5 – المبرد: الكامل في اللغة والأدب، مرجع سابق، ج1 ص272.

6 – المعاظلة: السباع والجراد ونحوها: ركب بعضها بعضاً للسفاد، وفي الاصطلاح البلاغي: جعل بعض أبياته مفتقراً في بيان معناه إلى البعض الآخر. (معجم المعاني الجامع).

7 – ابن رشيق: العمدة في محاسن الشعر وآدابه، مرجع سابق، ج1/ص 98.

8 – الأصفهاني: الأغاني، مرجع سابق، ج1 ص51 – 52.

9 – القاضي علي بن عبد العزيز الجرجاني: الوساطة بين المتنبي وخصومه، تحقيق: محمد أبو الفضل إبراهيم، وعلي محمد البجاوي، دار القلم، بيروت، ط الأولى. ص 33 – 34.

10 – ابن سلام الجمحي: طبقات فحول الشعراء، مرجع سابق، ص 55.

11 – قدامة بن جعفر: نقد الشعر، إعداد الشيخ خليل، سلسلة عيون النثر العربي، ط أبوظبي للسياحة، 2016، ص 6.

12 – ابـن الأثير (ضياء الدين): المثل الســائر في أدب الكاتب والشــاعر، مرجع سابق، ص35.

13 – ابن الأثير: كفاية الطالب، مرجع سابق، ص 41.

14 – ابن طباطبا: عيار الشعر، مرجع سابق، ص 10.

15 – قدامة بن جعفر: نقد الشعر، مرجع سابق، ص 6.

16 – ابن طباطبا: عيار الشعر، مرجع سابق، ص 37.

17 – ابن طباطبا: عيار الشعر، مرجع سابق، ص 69.

18 – محمد خير شــيخ موســى: فصول في النقد العربي وقضايــاه، ط دار الثقافة والنشر، 1984، ص 37. انظر كتابنا: الخطاب الشعري، ط 1 دائرة الثقافة الشارقة الإمارات العربية.

19 – أمبرطــو إيكــو: طرائــق تحليل الســرد الأدبــي: مقال: القــارئ النموذجي: (ترجمة: أحمد بوحسن. منشورات اتحاد كتاب المغرب). ص 157.

20 – القاضي علي بن عبد العزيز الجرجاني – الوســاطة بين المتنبي وخصومه، مرجع سابق، ص 55.

الفصل الثالث:

المقاربة البلاغية للنصوص الشعرية

1 - الموضوعاتية (التيماتيك) منهجاً للانتقاء:

لم يكن تعامل النقاد مع الشعر في إطار وحدة القصيدة، بقدر ما كان التعامل معه في إطار وحدة البيت أو وحدة مقطوعة تشكل بنية صغيرة ضمن بنيات النص. وفي «الحماسة» بتنوع مؤلفيها، وفي حماسة أبي تمام، اكتفى في بعضها ببيت واحد، وأطول حماسة بلغت خمسة وأربعين بيتاً وهي للشاعر المرار الفقعسي التي اعتمدها أبو تمام في «الوحشيات»[1]. كما نعرف أن القصيدة العربية لم تسلك وحدة الموضوع إلا نادراً، خاصة في الرثاء، ولعل دواوين الحماسة؛ كحماسة أبي تمام وحماسة البحتري وحماسة ابن الشجري أو الحماسة البصرية، وحماسة الخالديين أو حماسة شعر المحدثين للأخوين أبي بكر محمد (ت 380 هـ) وأبي عثمان سعيد (ت 390 هـ) ابني هاشم الخالدي، تبين هذا الجانب، فهؤلاء ألفوا دواوين حماستهم في ضوء تصور منهجي، ينطلق من مجموعة أبيات تشكل وحدة موضوعية، وجعلوا عناوين أبوابها تدل على المعنى والغرض، وإن كان ترتيب هذه المقطوعات اعتمد فيه على ترتيب فيه التواؤم والتآلف بينها على مستوى المعاني، وجاءت الأبيات تخدم التصور المنهجي للتأليف، فأبو تمام رائد واضعي الحماسة، بوّب حماسته على الشكل التالي:

باب الحماسة.

باب المراثي.

باب الأدب.

باب النسيب.

باب الهجاء.

باب الأضياف والمديح.

باب الصفات.

باب السير والنعاس.

باب الملح.

باب مذمة النساء.

وداخل هذه الأبواب نجد ما يؤلف بينها، من المعاني والصور.

أما البحتري فصنّف أبواب حماسته على الشكل الآتي:

فيما قيل في محمل النفس على المكروه.

فيما قيل في الفتك.

فيما قيل في الأصحار للأعداء والمكاشفة لهم وترك التستر منهم.

فيما قيل في الأطراق حتى تمكن الفرصة.

فيما قيل في بقاء الأحنة، ونمو الحقد إن طال عليهما الزمان.

فيما قيل في الأنفة والامتناع من الضيم والخسف.

فيما قيل في ركوب الموت خشية العار.

إلى آخر أبواب الحماسة التي تفيد هذا الترتيب المنهجي للحماسات وفق المعاني، والمنهج الموضوعاتي عند القدماء كان حاضراً في التأليف، بحيث كان التأليف الشعري في المعاني، مما فرض عليهم التقطيع الذي جاءت به مقطوعات الحماسة. فابن الشجري، وهو المتأثر أيضاً بحماسة أبي تمام، مثلاً في قسم النسيب يرتئي إلى تقسيمه بحسب المعاني الشعرية المتدفقة من شعر النسيب إلى الأبواب الآتية:

باب في الحنين إلى الأوطان.

باب في الارتياح عند هبوب الرياح.

باب في الاشتياق عند لمعان البرق.

باب في النزاع عند نوح الحمائم.

باب في الشوق عند حنين الإبل.

باب في الطيف والخيال.

باب مقتطفات من غزل شعر جماعة من المحدثين.

وهذا التصور المنهجي المبني على الموضوعات، أثر بشكل واضح في مفهوم المقاربة التراثية للشعر العربي، بحيث كان التعامل مع القصيدة في ضوء المنهج الموضوعاتي، ولم تكن فقرة اللغة

والإعراب والبلاغة والإيقاع سوى معبر إلى ما هيأه هؤلاء المؤلفون في المجاميع الشعرية، وفق تصور منهجي يعتمد المعاني الشعرية المتدفقة، والتي تتداعى بفعل القراءة، ليشكل البيت الشعري أو ظاهرة لغوية أو بلاغية أو معنى أو إشارة رمزية أو تاريخية مثيراً لتداعي صور الشعر الممثلة للظاهرة، وهو ما أغنى هذه المقاربات / الشروح ثقافياً ونقدياً وإبداعياً، فمثلاً يقف شارح الحماسة على بيت من أبيات الحصين بن الحُمام المرّي:

«صَفَائحُ بُصْـرَى أَخْلَصَتْها قُيونُها

ومُطّـرِداً مــن نَسْــج داود مُحْكَمَــا

أي كساهم صفائح بصرى؛ يعني سيوفاً عراضاً، وبصرى موضع بالشام، والسيوف لا تكسى، وهذا مجاز، وإن أراد بالكسوة الهبة والعطية جاز، والمطرد الدرع كأنه من صفاته يطرد اطراد الماء»[(2)]، ومن خلال هذا النموذج تتبين لنا عملية الشرح المواجهة للنص، التي تقف أمام البيت الشعري في علاقته بالأبيات الأخرى، وفي سياقه التاريخي وفي علاقته بالمبدع، وعلاقته بالشعر العربي لتجعل من المعنى مدار التحليل، والبلاغة هنا وظيفية لخدمة المعنى، الذي لا يمكن الوصول إليه إلا بالتأويل، وحمل الكلام على المجاز، وهو ما نقف عليه في نماذج كثيرة من الدراسات التحليلية/الشارحة للنصوص الشعرية. فمثلاً قول «الحسين بن مُطير الأسَديُّ»:

لقــد كنتُ جَلْداً قبل أنْ توقِدَ الــنّوى

على كبــدي نــاراً بطيئاً خُمودُهــا

وقـدْ كنت أرجـو أن تموت صبابتي
إذا قَدُمـت أيامُـها وعُهـودها

فقـدْ جعلتْ في حبَّةِ القلبِ والـحشَا
عِــهاد الهوى تُولَى بشـوقٍ يعيدُها

فيقف التحليل على البيت الثالث، وبالضبط على كلمة «عِـهـاد» منطلقاً من الإعـراب، أي أواخر الكلم، ليحلل المعنى واحتمالات القراءة، بالنصب والرفع، حيث يقول: «يجوز نصب عِهاد ورفعها. فالنصب على أنها مفعول أوّل لجعلت، وتولى بشوق في موضع المفعول الثاني، ويعيدها في موضع الصفة للشوق، ومنْ يكون جعلتُ بمعنى طفِقتُ وأقبلتُ غير متعدٍّ، ويعيدها يقوم مقام فاعل تُولَى، فيكون المعنـى قد طفقتْ أوائل هواها (مطراً يعيدها) أي بشوق يعيدها.

العهاد جمع عهد وهو مطر أول السنة، وتولى تمطر، الولي وهو المطر الثاني بعد الوسمي، شبّـه الشوق بالعِهاد وأول المطر إذا لحقه الثاني كثُر الربيع وأخصب البلدُ»[3].

الملاحظ أن التحليل ليس نثراً للشعر، بل ذاك الكشف عن معانٍ لا يهتدي إليه القارئ العادي، كما تضع القراءة أمام خيارات أخرى لمعاني الشعر، ومستويات التحليل التركيبية النحوية أو اللغوية المعجمية أو البلاغية ما هي إلا منصات لإضاءة هذه المعاني التي يصعب الاهتداء إليها، من دون ثقافة موسوعية، ومهارات وكفايات لغوية وبلاغية وموسيقية، فالصورة الشعرية التي تتوضح للقارئ بعد هذا التنوير مؤثرة في المتلقي الباحث في الشعر عن معاني التجربة

الإنسانية العلقة به. فالانطلاق من موقع إعرابي يحتمل النصب والرفع، حسب المعنى المقصود أو المفهوم، ثم على المستوى البلاغي، عـهاد أول المطر، وتولى ثاني المطر، صورة جميلة وعميقة، تصور علاقة التواشج والحب والهيام إلى حدود التوحد، وتنفتح على الطبيعة، لتنقل المعنى بالمفهوم الذي حددناه، أنه الصورة الذهنية الناقلة للصورة الخارجية في الواقع، وبهذا تكون الصورتان متفاعلتين متداخلتين، بين الماثل والمتخيل، وبذلك ستكون البلاغة بمفهومها الواسع توظف لسبر أغوار النص الشعري، وتسليط الضوء على المعاني الشعرية بلاغياً، فالخصب مثلاً في هذه العلاقة بين الشاعر والمحبوبة، هو خصب أيضاً في الطبيعة يولد العهاد (الشوق) كمشترك بينهما، بينما الولي مطر ثانٍ، يمكن أن يمثل الالتحام والتوحّد بين السماء (الماء / الحبيبة) والأرض (الشاعر)، ليتولد الخصب.

كما يمكن الوقوف أيضاً على أنموذج آخر يتبين أن تحليل النص الشعري لا يقف عند حدود المعنى السطحي، بل يتعداه، ليس إلى المجاز بالضرورة، بل المعاني الخفية والرموز الثقافية التي يقصدها الشاعر، ففي قول «زيادة الحارثي من بني الحارث بن سعد أخو عذرة – مخضرم» نجد بعد البيتين قوله:

وَنَحْـنُ بَنُو مَاءِ السّـماءِ فَـلا نَرَى

لأنفُسِـنا مـنْ دُون مَمْلكـةٍ قَصْـرَا

وقراءة البيت بالنسبة للقارئ العادي، ستقف عند حدود المعنى البسيط، الذي لا يتعدى نثر البيت، والتي تفيد فخر الشاعر بقبيلته،

وأنهم أصحاب عزّ، وهذا صحيح، لكن الشارح سيضيف أشياء من داخل النص يكشف عنها بأدوات التحليل، يشرح البيت بقوله:

«يصف عزّهم وأنهم أهل ملك، والقصر: الغاية، وماء السماء من الأزد، وهو عامر [بن حارثة الأزدي] سمّي بذلك لأنه كان إذا قحط الناس احتبى وأقام ما له مقام القطار [جمع قطر وهو المطر].

وقيل: ماء السماء امرأة كانت في كمالها كماء السماء»[4].

إذاً ماذا أضاف التحليل كقراءة نقدية عميقة للنص؟ فلا أعتقد أن القراءة العادية إلى المعاني المكتشفة من قبل الشارح حاضرة لدى المتلقي، فماء السماء = عامر أو امرأة، هي من الإشارات الثقافية والرمزية التي تبحث عن مقصد الشاعر، وعن المعنى البلاغي.

وتحليل قول ابن الدُّمينية:

هجرتكِ أياماً بذي الغمْرِ إنّني
على هَجْر أيامٍ بذي الغَمْر نادمُ

وإني وذاك الهجر لو تعلمينه
كعازبة عن طفلها وهي رائمُ

نلاحظ أن الشارح/ المحلل سيقدم المعنى على التأويل البلاغي، باحتمالاته، حيث يقول:

«كلامه يقتضي أن يكون التشبيه متناوِلاً له ولهجره، وقيل يجوز أن يريد وإني مع ذاك الهجر كما يقال إن الرجال وأعضادها

أي مقرونان، وإن النساء وأعجازها أي مقرونان؛ لأن المراد مع أعضادها ومع أعجازها، ويجوز أن يكون أراد بالهجر المهجور؛ لأن المصدر يوصف به»[5]. وهذه الاحتمالات في المعنى مردها طبيعة الخطابات وخاصة الخطاب الشعري الملتبس بفعل التخييل الذي أشار إليه النقاد الفلاسفة، خاصة، والمعنى يبقى دائماً ملتبساً؛ لذا بحثت البلاغة الحديثة عند بعض الغربيين في «سوء الفهم».

وما يهمنا في هذه الإشارة، المقاربات التي قدمت لهذه الحماسات، بل لحماسة أبي تمام التي كانت مدار شرح وتحليل من قبل العديد من الدارسين. وهذه الشروح وضعت القارئ أمام مقاربات مختلفة، تعتمد كلها المستوى اللغوي، ثم المستويات الأخرى بحسب كل شارح، ومنها شرح المرزوقي وشرح التبريزي والشرح المنسوب للمعري وشرح الفسوي وشرح ابن زاكور في عنوان النفاسة وغيرها كثير في المشرق والمغرب.

شكّلت الدراسات الأدبية (الشروح) نماذج من المقاربات التي تناولت القصائد الشعرية في مؤلفات أسهبت أغلبيتُها في التحليل المستفيض، وهيمن عليها جانب المعنى الذي تُوسّل إليه بالمعجم، والنحو خاصة. وهو ما يجعلنا ننبه في هذا السياق إلى أنّ التمثل السائد حول الشروح خاطئ، إلى الحدّ الذي لا يعكس هذا النوع من النقد، قيمتَه، وكونَه نقداً تطبيقياً، ومقاربات منهجية، تنطوي على تصور منهجي للقراءة المسهبة والشمولية، بما تعكسه من بعد ثقافي، يؤمن بالموسوعية، إلا أن الشروح تختلف فيما بينها، من حيث المنهج، وهو ما جعل الدارسين يصنفون الشروح إلى اتجاهات[6]: الاتجاه

اللغوي[7]، الاتجاه التاريخي،[8] الاتجاه النحوي[9]، الاتجاه النقدي[10]. مع إضافة في الدراسة للمنهج التكاملي[11]. وتضاربت الآراء حول التصنيف؛ لذا اقترحنا ما يستقرئ هذه الشروح باعتبارها مقاربة منهجية لتحليل النصوص، لم تكن بعيدة عن خصوصية المناهج النقدية، التي تتأثر بالنص، أو بعبارة أخرى تحاول ألا تجعل من المنهج سرير بروكست، وتخضع النص لطوله، فـ«أصناف الشروح الأدبية تجري على ما تقدمه من مواد الشرح أولاً، وما تعتمد عليه من طريقة في ذلك ثانياً»[12]، وقدمت في هذا الموضوع دراسة تعيد تصنيف اتجاهات الشروح[13] ولا مجال هنا لطرحها.

2 - أنموذج المقاربة الموسوعية للقصيدة:

الملاحظ أن قصائد كانت مدار الاهتمام والدراسة والحفظ؛ لذا اهتم النقاد العرب بقصائد بعينها، وأثّرت تأثيراً كبيراً على الثقافة العربية، وحظيت بتلقي منقطع النظير، وغالباً ما كانت وراء هذا الاهتمام دوافع عديدة شكل الدافع الديني بؤرتها ومحورها، إضافة إلى الجانب التعليمي. ومن أهمّ هذه القصائد التي شغلت الناس وملأت الدنيا، قصيدة لامية العرب للشنفرى[14]، ولامية العجم للطغرائي، ولامية ابن الوردي، وأرجوزة أبي نواس في مدح الفضل ابن الربيع، ونونية ابن زيدون، وبسامة ابن عبدون، ومقصورة حازم، ومقصورة المكودي والشقراطسية، منفرجة ابن النحوي ورائية الحسن اليوسي، وموشح ابن سهل[15] وغيرها من القصائد، وشكّلت شروح هذه القصائد مؤلفات في النقد التطبيقي، وكان المستوى البلاغي من

الشرح والتحليل أهم مستوى يسلط الضوء على الجانب الجمالي الفني للقصيدة، لأن الوعي كان قائماً على أن ما يضفي قيمة على القصيدة ليست المعاني والمواضيع التي تتطرق إليها، فهي معانٍ موجودة في مضانها الدينية والفلسفية والتاريخية والأدبية، وإنما ما يجعل الرؤية والرؤيا الشعرية تمتزجان بالإيقاع والصور البلاغية.

يقتضي الخطاب دائماً فهماً معيناً، وخاصة الخطاب المتعالي الذي كان موضوع الدراسة، فهماً وتحليلاً وتأويلاً؛ ولأن الخطاب العادي / اليومي تفك شفراته وألغازه بشكل مباشر، وغالباً ما يحضر الباث بهذه الوظيفة إذا طلبها المتلقي لغوياً أو بالتواصل غير اللغوي، من خلال ملامح الوجه، مثلاً، أو من خلال عدم الاستجابة أو الاستجابة الخاطئة، بينما الخطاب المتعالي، غالباً ما يكون مكتوباً، والباث غائباً يحضر من خلال الخطاب، وهامش التدخل للشرح جد محدود، وهناك نصوص ارتأى أصحابها شرحها، نذكر على سبيل المثال: نيل الأماني في شرح التهاني للحسن اليوسي[16]، وهو يرى أن الحاجة إلى الشرح فرضتها العجمة، وأن رواة القصيدة «تنبو أفهامهم عنها، ويستغربون كثيراً منها، فيعدون منها الدهش ضرباً والسلس شكساً، وما ذلك إلا لعموم الغباوة والجهل على أبناء الدنيا، وتقاصر هممهم عن العلوم، ولاسيما علم اللسان، فأردت أن أصنع تقييداً مختصراً يبين لحفاظها ما عسى أن يشكل من ألفاظها غير متصد لتقدير معانيها وتحرير ما لم يكن عنه بد من مبانيها، إذ ذاك يتسع ويطول، ويفتقر إلى أزمان وفصول»[17]، وقد شكلت القصيدة بالنسبة للشراح مجالاً للقراءات المستفيضة، وهو ما يشير إليه اليوسي بأنه يتطلب أزماناً وفصولاً،

وتبين من خلال الشروح أو المقاربات التي قدمها الدارسون القدامى والمحدثون أن القراءة ممتدة وتقترب أن تكون لا نهائية، بحيث تناسل المعاني وتدفق الصور.

قصيدة البردة لكعب:

* ومن القصائد التي استوقفت الدارسين كثيراً، قصيدة البردة لكعب بن زهير، والتي كانت مدار شروح عديدة، وكانت المقاربات التي تناولتها متعددة ومتنوعة بتنوع ثقافة الدارس / الشارح والتي مطلعها:

بانَـت سُـعادُ فَقَلبـي اليَـومَ مَتبولُ

مُتَيَّـمٌ إِثرَهـا لَـم يُجـزَ مَكبـولُ

ونورد أنموذج عبد القادر بن عمر البغدادي[18] الذي استفاد من سابقيه في هذا المجال، وطوّر مفهوم الشرح إلى التأليف حول القصيدة، بما يفيد كل القضايا الأدبية والنقدية والتاريخية والإنسانية التي تثيرها القصيدة.

يضع المستوى الأول من التحليل البيت الشعري في سياقه الأدبي، بربطه بنصوص شبيهة، وكأنه يبحث من خلال التناص عن تداخل النصوص مع بيت كعب، حيث يقول:

«المصراع الأول قد وقع صدر قصيدة للشماخ وهو صحابي أيضاً، قال ابن السكيت في كتابه «سرقات الشعراء» هذا ما اتفق من الأبيات لشاعرين مختلفين إلا القافية. قال امرؤ القيس:

وُقوفـاً بهـا صَحْبـي عَلـيَّ مَطِيَّهُمْ

يقُولـون لا تـهلـكْ أسـىً وتجمّـل

وقال طرفة:

وُقوفـاً بِهـا صَحبـي عَلـيَّ مَطيَّهُم

يَقولـونَ لا تَهلِـك أَسـىً وَتَجَلَّـدِ

وقال الشماخ:

بانـت سـعاد فقلبـي اليـوم متبول

وكان فـي قصـر مـن عهـدا طول

وأورد من هذا النمط ما يزيد على مئة بيت، وأما القصائد التي أولها «بانت سعاد» فكثيرة تزيد على خمسمئة قصيدة، منها قول ربيعة بن مقزوم وهو مخضرم:

بَانَتْ سُـعادُ فَأمْسَـى الْقَلْبُ مَعْمُودا

وَأَخْلَفَتْكَ ابْنَةُ الْـحرّ الْمَوَاعِيدَا»[19]

لينتقل إلى قضايا نحوية وصرفية بتحليل مفصل، ثم ينتقل إلى «سعاد» في الشعر العربي، وعلاقتها بالشاعر، فهي بحسب «النبراس» امرأة كعب، ويفصل في صيغتها وصيغة أسماء النساء اللواتي وردن في الشعر، كهند. ويطول التحليل اللغوي للبيت وللشواهد الشعرية، فالتحليل امتد بخط صغير من صفحة 169 إلى 291، فهذا الطول يفسّر مفهوم الشرح، باعتباره تحليلاً للقصيدة يعتمد التأليف حول قضايا، وهو نفس المنهج الذي اتبعه مع جل الأبيات،

ولا يمكن اعتبار تحليل الشواهد والحديث عن الشعراء والظواهر الأدبية والأحداث التاريخية، استطرادات؛ لأن القصد من هذا التحليل ليس فقط القصيدة، بل اعتبارها منطلقاً للتحليل والتأليف في قضايا الأدب، شبيه بما ألف من كتب كالأغاني للأصفهاني والكامل للمبرد والذخيرة لابن بسان ونفح الطيب للمقري والمحاضرات لليوسي، وغيرها من المصادر التي تناولت الأدب بمفهومه الواسع، حسب التحديد الذي يقدمه العصر لكل مفهوم، ويمكن الوقوف مرة أخرى على التناول البلاغي للشعر في هذه الدراسات الشارحة للقصيدة، ففي معرض تناول البغدادي للبيت الثاني – على سبيل المثال – الذي يقول فيه كعب:

وَمــا سُــعادُ غَـداةَ البَيــنِ إِذ رَحَلوا
إِلّا أَغَـنُّ غَضيضُ الطَـرفِ مَكحولُ

فبعد التحليل المستفيض، يثير قضية التشبيه وحرفه الذي يجوز عمله في الحال، «نحو قوله:

كَأَنَّ قُلـوبَ الطَيـرِ رَطبـاً وَيابِسـاً
لَدى وَكرِها العُنّابُ وَالحَشَفُ البالي

مع أن الحال شبيهة بالمفعول به فعمله في الظرف أجدر.

قوله: «إذا المعنى أنها تشبه غداة بانت ظبيا» لم يتعرض لوجه الشبه، قال الدماميني: لا ينبغي أن يكون وجه الشبه ما وصف به الظبي في البيت من كونه أغنّ غضيض الطرف مكحولاً ولا أن يكون مطلق الحسن لأن التقييد بالظرف على هذا التقدير يُعدّ لغواً،

بل يضرّ لاقتضائه انتفاء الشبه عند انتفاء القيد، وذلك منافٍ للغرض من المدح، بل وجه الشبه النفور، وحُذفَ إما لاشتهار الظبي به وإما لإشارة القيد عليه لأن حالة البين حالة نفور وذهاب، فيكون المعنى أن سعاد تشبه عند رحيلها وذهابها عن محبّها الظبي النافر عمّن يريد الأنس به ثمّ عُكس التشبيه للمبالغة، فإن قلت: ما فائدة وصف الظبي بتلك الصفات مع أنها لا مدخل لها في التشبيه، قلت: فائدته التنبيه على ما يوجب شدّة التأسف والتلهف على ذهابه وفوات الظفر به لتعليل مثل ذلك في جانب سعاد، انتهى كلامه. ومثله في شرح البغدادي قال: شبّه سعاد بالغزال على سبيل الحصر مبالغة في التشبيه وخصّ التشبيه بحال الرحيل لأمرين:

أحدهما أن رحيلها كشرود الغزال ونفوره، والثاني أن العادة قد جرت بأن الراحل عن مكان يلتفت إليه وقت رحيله عنه تذكراً له، فيكون قد شبّه التفاتها بالتفات الغزال لحسن عُنقه..»[20]، والتأمل والتدقيق في منهجية التحليل عند الدارس للقصيدة، يفضي إلى نتائج مهمة في بحث المقاربة التراثية، التي لا يمكن محاكمتها إلا في سياقها التاريخي والثقافي، بالرغم من كونها أسست لمنهجية مقاربة النص الشعري، كما أن هذا التأمل يفضي بنا إلى كشف ما نحن بصدد البحث عنه من المعنى البلاغي في الشعر، وتوظيف الدارس للتشبيه تمليه عليه معاني الشعر، وصوره التي تقتضي هذه القراءات الممكنة، والتي هي بالأساس كاشفة عن معانٍ بلاغية لا يهتدى إليها بسهولة في قراءة سطحية للشعر، وقد انتبه الدارس إلى مدخل وجه الشبه، كمكون أساس في بناء المعنى وفهمه، وتشكيل الصورة الشعرية،

وعلوقها بذهن المتلقي، وتأثيرها جمالياً فيه، من خلال انفتاح المعنى على إمكانات تأويلية، يمارسها النقد وفق تصور معرفي تنظيري يستند إليه.

ومن جهة أخرى، شكّلت القصائد الصوفية موضوعاً ومتناً مهماً للدراسة والتحليل، سواء في ضوء المقاربة الثقافية / الصوفية، أو خارج النسق الصوفي، وقد أشار القشيري صاحب الرسالة القشيرية، إلى أن أهل التصوف لهم مصطلحات خاصة بهم، يصعب على الغير فهمها، وهو بذلك يؤكد التأويل الذي يفترض في تلقي الخطاب، بل إن المتصوفة تذوب الحقيقة في المجاز، لتتوحّد وكأن الحلول انتقل من علاقة المتصوف بالله، إلى علاقة الحقيقة بالمجاز، وأصبح إخفاء المعنى من أسرار اللغة وأسرار التصوف التي تفسّر قتل الحلاج، حيث لمْ يصن السرّ فسلّط عليه سيف الشريعة، «وفي ذلك يقول الشاعر:

فمن فهم الاشارة فليصنها
وإلا سوف يقتل بالسِّنانِ

كحلاج المحبّةِ إذ تبدّتْ
لهُ شمسُ الحقيقةِ بالتّداني

ويقول آخر:

وفي السرِّ أسرارٌ دقاقٌ لطيفة
تُراقُ دِمانا جَهْرةً لوْ بها بُحْنا

قال بعض الصالحين: رأيت ربّ العزة في النوم، فقلت: يا ربّ،

كيف سلّطتَ عبادَك على وليّك الحلاج حتى قتلوه؟ فقال: «يا عبدي إنّي أطْلعته على سرّ منْ أسراري فأفشاه لغيري، فسلّطت عليه عبادي فقتلوه»»[21]. ولا يهمنا ما يرويه أهل التصوف، من رؤية الله في المنام، وحكي قوله، فكما ذهب إليه بعض القضاة لمّا عُرض عليه السهروردي، بعدم الاختصاص، وما وقفنا عليه هو هذا السرّ والخفاء عند الصوفية، في الخطاب، ممّا يجعل مقاربة نصوصهم لا تتحقق كفايتها إلا من داخل النسق الصوفي، وهو ما تحقّق مع اليوسي في شرح الأماني، ومع ابن عجيبة في شرح قصائد الصوفية، وتتبع جداول المعنى وصولاً إلى مصابها، لا يتمّ إلا في ضوء ما حدّده أهل التصوّف للمعاني الألفاظ، إلا أن التحليل البلاغي، ربما يتطلّب دراسة عميقة، ومفيدة، سواء على مستوى تحديد مفهومها، أو على مستوى تطبيقها على الخطاب الشعري، حيث يلاحظ أن هذه المقاربات تتبع المعنى وتبحث عنه متوسّلة باللغة والتركيب والبلاغة، دون تحويلها إلى تمرينات لقواعد جاهزة، وتحضر البلاغة دون الإشارة إليها، مما يجعل هذه التجربة فريدة في المقاربات التراثية للنصوص.

3 - المقاربة الصوفية للقصيدة الصوفية:

يمكن الإشارة في هذا السياق إلى المقاربة الثقافية / الصوفية، لقصائد مغرقة وغارقة وسابحة في السكر والمحبة والحضرة القدسية، تشعّ بأنوار العرفان والوجدان والغياب عن الوجود للوجود، وكلّ ما لا يمكن حيازته في العقول والنقول، على حدّ قول «ابن البنا في مباحثه:

إيّـــاك أنْ تـطـمـعَ أنْ تَـحـوزَه

مِــنْ دَفْترٍ أو شِـــعْرٍ أوْ أرجوزه»[22]

وفي حديث صاحب «الرسالة القشيرية» عن تفسير ألفاظ المتصوفة، يؤكد أن «كل طائفة من العلماء لهم ألفاظ يستعملونها انفردوا بها عمن سواهم، تواطؤوا عليها لأغراض لهم فيها من تقريب الفهم على المخاطبين بها أو تسهيل على أهل تلك الصنعة في الوقوف على معانيهم بإطلاقها، وهذه الطائفة مستعملون ألفاظاً فيما بينهم قصدوا بها الكشف عن معانيهم لأنفسهم والإجماع والستر على من باينهم في طريقتهم، لتكون معاني ألفاظهم مستبهمة على الأجانب، غيرة منهم على أسرارهم أن تشيع في غير أهلها، إذ ليست حقائقهم مجموعة بنوع من تكلف أو مجلوبة بضرب تصرف بل هي معانٍ أودعها الله تعالى قلوب قوم واستخلص لحقائقها أسرار قوم»[23]. وإذا حاولنا بتر الشواهد الشعرية من مظانها الصوفية، فإننا، نكون أمام تأويل بعيد عن السياق والحضرة الصوفية وندخل إلى الغزليات والخمريات فمثلاً نأتي بهذه النماذج من أبيات متفرقة[24]:

فسـكرك من لحظي هُـوَ الوجد كُله

وصحوك من لَفْظِي يُبِيح لَك الشربا

سُـكْرانِ سُـكْرُ هوى وسـكرُ مُدامَةٍ

أَنّـى يفيـقُ فَتـىً بـهِ سُـكرانِ

إنَّمَـا الـكأس رضـاع بيننـا

فَـإِذَا مَـا لَـمْ نذقهـا لَـمْ نعـش

شـربتُ الحـبَّ كأسـا بعـد كأسٍ

فمـــا نفدَ الشـرابُ ولا رَوِيْتُ!

وِدادُكُـم هجـرٌ وحبكـمُ قلـىً

ووصلكـم صَـرمٌ وسَـلمُكمُ حربُ

وكيـف الصبـر عمـن حـل مني

بمنزلـة اليميـن مـن الشـمال

إذا لعـب الرجـال بـكل شـيء

رأيـت الحـبَ يلعـبُ بالرجـالِ

إن قراءة هذه الأبيات خارج النسق الصوفي، يفضي بها إلى مزالق، لكن الحدود بين الشعر الغزلي والخمري من جهة والشعر الصوفي من جهة أخرى قائمة، بل إن هناك قصائد لمتصوفة، ومنهم ابن عربي، التبست على الدارسين معانيها الغزلية بمعانيها الصوفية؛ أي ما قبل التصوف وما بعده على مستوى تجربة الشاعر، والتحليل الذي يقدمه القشيري لهذه الأبيات، ينسجم والتأويل الصوفي للمعاني، التي ينبغي إخضاعها للسياق، فمثلاً البيت الأول يعلق عليه بقوله بعد إنشاد أبيات في المعنى: واعلم أن الصحو على حسب السكر، فمن كان سكره بحق، كان صحوه بحق، ومن كان سكره بحظ مشوباً، كان صحوه بحظ صحيح مصحوباً، ومن كان محقاً في حاله كان محظوظاً في سكره، والسكر والصحو يشيران إلى طرف التفرقة، وإذا ظهر من سلطان الحقيقة علم صفة العبد الثبور والقهر...»[25] وينزع التحليل الصوفي هذا المنزع

الذي يدقق الألفاظ بدلالاتها وإشاراتها الصوفية، كما في تعليقه على البيت الخامس (شربت الحب..) بقوله: «ويقال كتب يحيى بن معاذ إلى أبي يزيد البسطامي، ههنا مَنْ شَربَ كأساً من المحبة لم يظمأ بعده. فكتب إليه أبو يزيد: عجبت من ضعف حالك، ههنا مَنْ يحتسي بحار الكون، وهو فاغر فاه يتزيد. واعلم أن كاسات القرب تبدو من الغيب ولا تدار إلا على أسرار معتقة وأرواح عن رق الأشياء محررة (ومن ذلك المحو والإثبات) المحو رفع أوصاف العادة، والإثبات إقامة أحكام العبادة..»[26].

فالذوق الصوفي لا يدرك إلا بالرياضة والصحبة، ومثال هذه المقاربات ما ألّفه الشيخ ابن عجيبة[27] في شرحه لأهم القصائد الصوفية، كخمرية ابن الفارض، ونونية الشُّشْتَريّ، وصلاة القطب ابن مشيش، وقصيدة الإمام الرافعي، وصلاة ابن عربي، وأبيات للجنيد، كما أن التحليل ينطلق من خصائص النصّ الصوفي، وأنّ المعنى يُؤوّل بحسب فهم القارئ للمتكلم، وهو ما جعل ابن عجيبة في شرحه لخمرية ابن الفارض يقول: «فللعارفين منزعٌ غريب، ونظرٌ عجيبٌ. لا يذوقه إلا منْ صحبهم. وإلّا فشأنه التسليمُ. فإن اعترض عليهم، أصبح من البكم الصمِّ الذين لا يعقلون»[28]، وهو ما يثير مسألة المعنى، ويحيلنا إلى البلاغة الجديدة عند بعض منظريها، أن موضوعها «سوء الفهم». وكأن البلاغي / الشارح، يحاول تقليص الهوة بين النص / المتكلم، والقارئ / المؤوّل، وهنا يحدث سوء الفهم، الذي يحترز منه.

المستويات المتعددة لتحليل القصيدة:

*** مستويات تحليل النص الشعري في شرح الإفراني:**

تعامل النقد الأدبي في جانبه التطبيقي، من خلال شرح هذه المتون وفق منهجيات متعددة، لكنها في عمومها حاولت الالتصاق بالنص، واعتبار مدخل تقريبه إلى القارئ يتم عبر فقرات/مستويات أهمها: المستوى المعجمي والمستوى التركيبي والمستوى الدلالي والمستوى البلاغي والمستوى الإيقاعي، ويشكل المستوى البلاغي – موضوع هذه الدراسة – فقرة/مستوى مُهمّاً يكشف في ارتباطه بالمستويات الأخرى عن المعنى ومعنى المعنى وجمالية الخطاب، علماً بأن الشارح – كما يرى هنريش بليث: «يأخذ بعين الاعتبار أن وجهة نظره الخاصة، محددة هي الأخرى، بالظروف التاريخية، أي أنها مرتبطة بالأحكام المسبقة والمقدّمات الخاصة.

وهكذا فإن البلاغة المعيارية يمكن أن تصبح بلاغة وصفية، بل أيضاً تاريخية وتأويلية تعكس بصورة نقدية وضعية تلقي الشارح (النص)، إنها مؤهلة، في هذه الحالة، لتكوين أسس «نظرية تداولية للنص»»[29]، والحقيقة أن مجمل الشروح يمكن أن ينطبق عليها هذا التوصيف.

ويصرح الإفراني بمنهجه في التعامل مع القصيدة، يحصرها في مطالب:

«أولها: تفسير ألفاظه اللغوية...

ثانيها: رفع القناع عن معنى التركيب، وتنزيل المعاني على الألفاظ...

ثالثها: وشي حلل البيت بسلك المعاني ثم بجوهر البيان، ثم بيواقيت البديع، وهذا ألطف المطالب وأعلاها، وأغلاها، إذ هو مضمار ما يقع به التفاضل، وينعقد بين الأماثل في شأنه التسابق والتناضل.

رابعها: الإعراب الذي هو سبب لفهم فحوى الكلام وظهور لحن الخطاب»[30].

تعتمد المقاربة التي سلكها الإفراني على رؤية منهجية لتحليل القصيدة، ويعتبر مطلب البلاغة المستوى المنهجي الأهم في تحليل القصيدة، فهو – على حد تعبيره – ألطف مطلب وأعلاها «وهو مضمار ما يقع به التفاضل»[31]. ويتبين لنا أن النقاد بحثوا عن المعيار، والابتداع والاتباع، كما جعلوا من البلاغة مدخلاً أساساً للقراءة النقدية وتحليل النصوص الشعرية، فتتبع الصورة الشعرية في تجليها وتمظهرها البلاغي بات مطلباً عندهم، إذ نلاحظ الحديث عن التشبيه، وخاصة المشبه به كمتخيل مبتدع، ثم الإجادة فيه وفي الاستعارة، وهو ما أشار إليه الإفراني: «رأيت في حليّة المحاضرة للرئيس أبي علي بن المظفر الحاتمي، أن امرأ القيس أول من شبّه النساء بالظباء والأرام والمها والبيض، وشبّه الخيل بالعِقبان والعصا، وفرّق بين النسيب وما سواه، وأجاد في الاستعارة والتشبيه، وتبعه الناس، انتهى. ونقل هذا أيضاً الشريف الغرناطي في شرح الحازمية، حكاه الأصمعي»[32]، كما أن تتبع التحليل البلاغي في الكتب النقدية

القديمة، يكشف عن ارتباطه بالمعنى، المفضي إلى الجمال، فصاحب عيار الشعر له التفاتات كثيرة تلتقط الصور الشعرية المشكَّلة من التشبيه، فعلى سبيل المثال يعلّق على بيتي النابغة:

فإنّــكَ كاللّيــلِ الــذي هــو مُدْرِكــي

وإنْ خِلْـتُ أنّ المُنتأى عنك واسِـعُ

خطاطيــفُ حجنٌ فــي جبــالٍ متينةٍ

تمــدّ بهــا أيــدٍ إليــكَ نــوازعُ

«وإنما قال: «كالليل الذي هو مدركي» ولم يقل: كالصبح؛ لأنه وصفه في حال سخطه، فشبّهه بالليل وهو له، فهي كلمة جامعة لمعانٍ كثيرة»[33]. وخصص للتشبيه فصلاً، أورد فيه أشعاراً لتشبيهات بعيدة، فيورد أبياتاً لشعراء منهم: النابغة وزهير بن أبي سلمى ولبيد، فيعلّق بقوله على «ساعدة بن جؤبة:

كَسَــاها رطيبَ الريش فاعتدلتْ لها

قِــداحٌ كأعنــاق الظبــاء الفــوارِقِ

شبّه الهام بأعناق الظباء، ولو وصفها بالدقة كان أولى»[34]. وهي وقفات مع معانٍ بلاغية، وُظّفَ فيها التشبيه، واعترض الناقد على العلاقة بين المشبه والمشبه به، حيث اعتبر الشاعر غير موفق في إقامتها، ليبقى المعنى مرتكزاً للنقد البلاغي.

وشكلت البلاغة أهم مكون من مكونات الشرح الأدبي، بل اعتبرت مكوناً محدداً للشعرية، أو لأدبية النص، وتوسل بها الشراح لسبر أغوار النص، ولإجلاء جماليته ومعنى المعنى، وإبعاد سوء الفهم،

كما تشير البلاغة الجديدة في كثير من توجهاتها. ومن خلال فقرة البلاغة، يكشف الشارح / الناقد عن جمالية النص الشعري، ويقف على شعرية الخطاب الأدبي، ووُظفت الأدوات الإجرائية البلاغية، والكشف عن المعنى البعيد لكون التعبير البلاغي تعبيراً أدبياً يرتقي بالخطاب إلى المستوى الفني في التواصل، وتحضر إلى جانب الوظيفة التواصلية للخطاب الشعري، الوظيفة الجمالية، وهو ما ذهب إليه محمد الإفراني في تحديده لمطالب شرحه، حيث جعل المطلب الثالث في الشرح يتحدد في «وشي البيت بسلك المعاني، ثم بجوهر البيان، ثم بيواقيت البديع، وهذا ألطف المطالب وأعلاها وأغلاها، إذ هو مضمار ما يقع به التفاضل، وينعقد بين الأماثل في شأنه التسابق والتناضل»[35].

إن ما يهمنا في دراسة الشرح – خاصة في المستوى البلاغي – الأفق الذي يبنيه الشارح / الناقد لتصوره النظري، على أساس من الانسجام؛ أي أن ينتقي المفاهيم المنسجمة مع تصوراته النظرية ومقولاتها في مجالات متعددة، وما يؤطرها من خلفية إيديولوجية؛ لأن التناقض يفسد المنهج ويقوّض النظرية.

ومما لا شك فيه أن الشروح الأدبية قدّمت مقاربات متعددة للنص الأدبي، شعراً ونثراً، في جميع الأغراض والأنواع الأدبية، خاصة الشعر والمقامات التي شكل كل منهما موضوع دراسات عديدة، بحسب أهمية هذه النصوص، من حيث الجانب الفني ومجاله. واستطاع الشراح أن يحللوا هذه النصوص في كتب ومؤلفات، وهي قراءات منفتحة اعتمدت منهجاً تكاملياً استطرادياً، في أغلب الأحيان،

وكانت مناسبة لإضاءة النص واعتباره منطلقاً للدرس الأدبي، بل إن المنهج المتبع في كثير من الشروح أخذ ملمحاً ثقافياً، قريباً إلى الدراسات الثقافية الحديثة، إذا استثنينا شروحاً وقفت عند حدود الجانب اللغوي، مما دفع البعض للحكم عليها بالقصور أو الابتعاد عن مفهوم المقاربة والتحليل الأدبي، فقد اعتبر الباحث كمال أبو ديب «الشروح والتعليقات التقليدية على القصيدة، [معلقة لبيد] بل على الشعر الجاهلي كله، قاصرة قصوراً مدهشاً، ذلك أن هذه الشروح ذات منحى فقه – لغوي (فيلولوجي) سائد، وهي لا تتحرك إلا على المستوى اللغوي السطحي للقصيدة، وهي كذلك شروح أنتجها كتاب تحددت وجهات نظرهم وآراؤهم بطريقة محددة لمعاينة اللغة، والشعر، وعملية الخلق الفني ذاتها، طريقة ليس في مقدورها النفاذ إلى البنية العميقة للقصيدة – المفتاح بشكل خاص أو إلى بنية الشعر الجاهلي بشكل عام» (36). وقد انتبه ضياء الدين بن الأثير إلى هذه المسألة المهمة في مقاربة الشعر، أو ما أطلق عليه تفسيره، إذ انتقد منهجية التعامل مع الشعر في معرض تحديده للبلاغة/البيان، حيث يرى أن «موضوع علم البيان هو الفصاحة والبلاغة، وصاحبه يُسأل عن أحوالهما اللفظية والمعنوية، وهو والنحوي يشتركان في أن النحوي ينظر في دلالة الألفاظ على المعاني من جهة الوضع اللغوي، وتلك دلالة عامة، وصاحب علم البيان ينظر في فضيلة تلك الدلالة، وهي دلالة خاصة، والمراد بها أن يكون على هيئة مخصوصة من الحسن، وذلك أمر وراء النحو والإعراب، ألا ترى أن النحوي يفهم معنى الكلام المنظوم والمنثور، ويعلم مواقع إعرابه، ومع ذلك فإنه لا يفهم ما فيه من الفصاحة والبلاغة.

ومن هاهنا غلطَ مفسّرو الأشعار في اقتصارهم على شرح المعنى، وما فيها من الكلمات اللغوية، وتبيين مواضع الإعراب منها، دون شرح ما تضمّنته من أسرار الفصاحة والبلاغة»[37]. وهي إشارة مهمة في دراسة ومقاربة الشعر، تبين أن المنهج المتبع من قبل الشراح الذين تناولوا الشعر، أبياتاً ومقطعات وقصائد، اقتصروا على كشف المعنى وبيان الإعراب، بمعنى أن هذه الشروح لم تكشف عن الجانب الجمالي للشعر، ولم تتوسل بجهاز المفاهيم للبلاغية بالرغم من تطوره، وربما لأن البلاغة العربية بدأت تختص بالنص القرآني اختصاصاً يربطها بعلم الكلام، ويكشف عن الإعجاز القرآني، في حين إن تناول الشعر في هذه الكتب لم يبتعد عن خدمة هذا الموضوع، كما أن الإشارات البلاغية لم تكن معمقة بالشكل الذي يحوّلها إلى منهج للشرح والتحليل، بالرغم من وعي المتكلمين بضرورة الاستناد إلى الأدب، فالباقلاني يشير في مقدمة كتابه إلى أن معرفة إعجاز القرآن مرتبط بمعرفة الأدب، يقول: «ولسنا نزعم أنه يمكننا أن نبين ما رُمنا بيانه، وأردنا شرحه وتفصيله، لمنْ كان عن معرفة الأدب ذاهباً وعن وجه اللسان غافلاً؛ لأن ذلك مما لا سبيل إليه..»[38] وإشارة الباقلاني إلى الأدب، كما جنّسه في الشعر والخطابة والرسائل. وما يهمنا هو هذه العلاقة بين موضوع البلاغة؛ أي النصوص الأدبية، في مقابل القرآن – حيث مكمن الإعجاز – والاشتغال على نصّ كامل بهذا الحجم في التراث العربي لم يتم قبل القرآن، فأقصى ما تعامل معه القراء والشراح والنقاد والبلاغيون قصيدة، خاصة ما انتظم في المعلقات، والمقاربة المتكاملة لم تتحقق قبل تفاسير القرآن التي تناولت النصّ الديني، سواء من حيث المعجم أو المعنى، للانتقال

إلى علوم ومعارف أخرى، تضيء القراءة، لكن التطور الذي عرفته الشروح الأدبية للقصائد الشعرية في فترة متأخرة، بدأت تستوعب مفهوم المقاربة المتكاملة التي تعتمد المستويات الثابتة للتحليل: المعجم واللغة والتركيب والمعنى والبلاغة والموسيقى، كما هو في المسلك السهل للإفراني، وشرح رائية اليوسي للدلائيين.

هوامش الفصل الثالث:

1 – أبو تمام: الوحشـيات، دار المعارف، مصر ط 2 سـنة 1978. تحقيق: الميمني وشاكر. الحماسية رقم 70. ص 47.

2 – شرح ديوان حماسة أبي تمام المنسوب لأبي العلاء المعري. تحقيق: د. حسين محمد نقشة. دار الغرب الإسلامي بيروت، ط 1991م. ج1/ ص 284.

3 – نفسه: ج 2 ص 768.

4 – نفسه: ج1 ص173.

5 – نفسه: ج2 ص871.

6 – فخر الدين قباوة: منهج التبريزي في شروحه، والقيمة التاريخية للمفضليات، المكتبة العربية ط 1974. انظر فصل: اتجاهات الشروح: ص 118.

7 – نفسه: ص 119.

8 – نفسه: ص 128.

9 – نفسه: ص 139.

10 – نفسه: ص 157.

11 – نفسه: ص 200. كما أدرج في الدراسة فصلين في إطار الحديث عن المنهج يتعلـق الأول بالروايـة والنقـل (ص206)، والثاني بالتكرار فـي التصنيف، (ص 273).

12 – نفسه.

13 – يمكـن العـودة في هذا الموضـوع إلى كتابنا: الخطاب الشـعري في التراث العربـي – دائـرة الثقافة، حكومة الشـارقة الإمـارات العربية المتحـدة – الطبعة الأولى 2014.

14 – نذكر على سبيل المثال لا الحصر، أهم الكتب الشارحة للقصيدة: الغيث المسجم في شرح لامية العجم، – إتحاف ذوي الأرب بمقاصد لامية العرب، للمغوسي.

15 – انظر المسلك السهل في شرح توشيح ابن سهل لمحمد الإفراني الإشبيلي، تحقيق: محمد العمري. وزارة الأوقاف، 1997.

مطلع القصيدة: هلْ درى ظبيُ الحِمى أنْ قد حمى // قلبَ صبٍّ حلَّهُ عنْ مكنِسِ

16 – نيل الأماني في شرح التهاني للإمام أبي علي الحسن بن مسعود اليوسي ت 1102هـ، شرح لقصيدته الدالية في مدح شيخه الغوث الكبير أبي عبد الله محمد بن ناصر الدرعي ت 1082هـ.

ويرى البعض أن البحث في هذا الكتاب يمكن أن يتحقق من عدم نسبته إلى اليوسي. لكننا نسلم بما هو متحقق إلى حدود اليوم.

كيف يعقل أن يشير اليوسي بقوله عند تناوله للبيت التالي:

أو عذب مشرعة الفرات على ظمأ // أو وصل حِب بعد هجر مُبعد

إضافة إلى أحكام قيمة حول القصيدة بالبعد عن التكلف والحلاوة واحتمالات المعنى والدلالة، واحتمالات بلاغية بين التورية الاستعارة.. كل هذا يرجح أن الشرح ليس لليوسي وإنما لأحد تلامذته، وأراد نسبته إلى اليوسي عن طريق الإحالات مثلاً: «وإن أردت الشفاء فيما ورد في هذا المعنى من كلام الشعراء، فعليك بكتابنا زهر الأكم»: ص 17.

17 – علي الحسن بن مسعود اليوسي: نيل الأماني في شرح التهاني، مرجع سابق، ص 2.

18 – ولد في بغداد سنة 1030 هـ ثم رحل إلى دمشق والقاهرة وتركيا، صاحب «خزانة الأدب ولب لباب لسان العرب» و«شرح شواهد مغني اللبيب» وغيرهما. توفي سنة 1093 هـ / 1682م.

انظر ترجمته في: كشف الظنون لحاجي خليفة، 2 / 1330. الأعلام للزركلي: 3083/4.

19 – عبد القادر بن عمر البغدادي: حاشية على شرح بانت سعاد لابن هشام. تحقيق: نظيف محرم خواجة. دار النشر فرانتس شتاينر بفيسبان، ط 1980م، ص 169.

20 – نفسه: ص 329، 330.

21 – أحمد بن عجيبة الحسني، اللطائف الإيمانية الملكوتية والحقائق الإحسانية الجبروتية في رسائل العارف بالله الشيخ أحمد بن عجيبة الحسني. ضبط د. عاصم إبراهيم الكيالي الحسيني الشاذلي. دار الكتب العلمية بيروت. الطبعة الأولى 2006، ص 197.

22 – نفسه: 197. 2006.

23 – عبد الكريم بن هوازن القشيري: الرسالة القشيرية في علم التصوف. ط دار أسامة، بيروت، لبنان، ط 1987، ص25.

24 – القشيري: على التوالي حسب ترتيب الأبيات: ص 64 – 65 – 146.

25 – القشيري: الرسالة القشيرية في علم التصوف، مرجع سابق، ص 65.

26 – نفسه: ص 66.

27 – الشيخ أحمد بن عجيبة الحسني، من شيوخ التصوف بالمغرب، من العلماء المرموقين، له مؤلفات عديدة، منها: «قواعد التشوف في حقائق التصوف» وتفسير القرآن، وهو من التفاسير الصوفية المهمة. توفي سنة 1224هـ بشمال المغرب، خميس أنجرة. (انظر ترجمته في: طبقات الشاذلية الكبرى لمحيي الدين الطعمي، ص 41).

28 – ابن عجيبة: اللطائف الإيمانية الملكوتية والحقائق الإحسانية الجبروتية في رسائل العارف بالله الشيخ أحمد بن عجيبة الحسني، مرجع سابق، ص 55.

29 – هنريش بليث: البلاغة والأسلوبية – نحو نموذج سيميائي لتحليل النص، ترجمة: د. محمد العمري، منشورات مجلة دراسات سال، الدار البيضاء، ط الأولى، 1989، ص 19.

30 – محمد الإفراني الإشبيلي: المسلك السهل في شرح توشيح ابن سهل، مرجع سابق، ص 55.

31 – نفسه: ص 55 – 56.

32 – نفسه: ص 154.

33 – ابن طباطبا: عيار الشعر، مرجع سابق، ص 53.

34 – نفسه: ص 94.

35 – محمد الإفراني الإشبيلي: المسلك السهل في شرح توشيح ابن سهل، مرجع سابق، ص 56.

36 – كمال أبو ديب: الرؤى المقنعة، نحو منهج بنيوي في دراسة الشعر الجاهلي، سلسلة دراسات أدبية، ص 50.

37 – ابن الأثير (ضياء الدين): المثل السائر في أدب الكاتب والشاعر، مرجع سابق، ج 1 ص 37.

38 – الباقلاني: إعجاز القرآن، تحقيق: السيد أحمد صقر، دار المعارف، سلسلة ذخائر العرب، القاهرة، ص7.

الفصل الرابع:

إشكالية المعنى بين الحقيقة والمجاز

1 - المجاز والمعنى:

إن إشكالية التداخل بين المعنى الحقيقي والمعنى المجازي، من الصعب رصده في التنظير البلاغي؛ لأن التنظير هو استقراء أو استنباط للظاهرة على مستوى التداول؛ لذا إنّ رصدَها في الممارسة النقدية / البلاغية تبدو أوضح، فقد انطلق النقاد من أن الحقيقة «استعمال اللفظ فيما وضع له أصلاً»، في مقابل المجاز ، حيث يستعمل «اللفظ في غير ما وضع له لعلاقة مع قرينة مانعة من إرادة المعنى الحقيقي»[1]، لكن التحديد الذي يقدمه الجاحظ وغيره من النقاد لا يحلّ الإشكال على مستوى الإجراء البلاغي ليبقى إشكال الفصل بين الحقيقة والمجاز قائماً؛ نظراً لاختلاف القراءة والتأويل، كما شكّل المجاز نقطة تماس مع الحقيقة بين البلاغيين، يربطهما خيط يراه كل من منظوره؛ حيث «ذهب قوم إلى أن الكلام كلّه حقيقة لا مجاز فيه، وذهب آخرون إلى أنه كلَّه مجازٌ، لا حقيقةَ فيه»، ويرى ابن الأثير أن «كلا هذين المذهبين فاسدٌ» ليردّ على ادعاء الخصم بقوله: «محل النزاع هو أن اللغة كلَّها حقيقة، أو أنها كلها مجاز، ولا فرق عندي بين قولك إنها كلها حقيقة، أو أنها كلّها مجاز، فإن كلا الطرفين عندي سواء؛ لأن منكرها غير مسلِّم لهما، وأنا بصدد أن أبين أن في اللغة حقيقة ومجازاً.

و(الحقيقة اللغوية)، هي حقيقة الألفاظ في دلالتها على المعاني، وليست بالحقيقة التي هي ذات الشيء، أي نفسه وعينه، فالحقيقة اللفظية إذاً هي دِلالة اللفظ على المعنى الموضوع له في أصل اللغة، والمجاز هو نقل المعنى عن اللفظ الموضوع له إلى لفظ آخر غيره.

وتقرير ذلك بأن أقول: المخلوقات كلُّها تفتقر إلى أسماء يُستدلّ بها عليها، ليُعرف كل منها باسمه، من أجل التفاهم بين الناس، وهذا يقع ضرورة لا بدّ منها، فالاسم الموضوع بإزاء المسمى هو حقيقة، فإذا نُقل إلى غيره صار مجازاً»[2]. والمعنى في الحقيقة والمجاز هو مدار البلاغة؛ لأنّ التأويل الآلية الأساس للتحوّل بينهما. ويشير عبد القاهر الجرجاني في فصل «المجاز العقلي والمجاز اللغوي والفرق بينهما» إلى الحدّ بين الحقيقة والمجاز على أساس المعنى، فالمتلقي/ القارئ للقول / الكلام، يحتاج معرفة «المعنى الذي من أجله اختُصّت الفائدة، ولم يجز حصولها بالكلمة الواحدة، كالاسم الواحد، والفعل الواحد من غير اسم يُضمّ إليه، والعلّة في ذلك أنّ مَدارَ الفائدة في الحقيقة على الإثبات والنفي، ألا ترى أن «الخبر» أوّل معاني الكلام وأقدمها، والذي تستندُ سائر المعاني إليه وتترتّب عليه؟ وهو ينقسم إلى هذين الحُكمين.

وإذا ثبت ذلك، فإنّ الإثبات مثبِتاً ومثبَتاً له، نحو أنك إذا قلت: «ضرب زيدٌ»، فقد أثبتّ الضرب فعلاً أو وصفاً لزيد، وكذلك النفي يقتضي مَنْفِياً عنه، فإذا قلت: «ما ضرب زيدٌ» و«ما زيدٌ ضاربٌ»، فقد نفيت الضرب عن زيد وأخرجته عن أن يكون فعلاً له، فلما كان الأمر كذلك احتيج إلى شيئين/ يتعلق الإثبات والنفي بهما، فيكون

أحدهما مثبِتاً والآخر مثبَتاً له = وكذلك يكون أحدهما منفياً والآخر منفياً عنه. فكان ذانك الشيئان: المبتدأ والخبر، والفعل والفاعل..

وإذ قد عرفت هذا، فاعلم أن الإثبات في جميع هذا الضرب = أعني فيما منصوبه مفعول، وليس مفعولاً به، يتعلّق بنفس المفعول، فإذا قلت: «فعل زيدٌ الضرب»، كنت أثبتّ الضرب فعلاً لزيد، وكذلك تُثبت «العالم» في قولك: «خلق الله العالم»، خلقاً لله تعالى، ولا يصحّ في شيء من هذا الباب أن تثبت المفعول وصفاً البتة، وتوهّم ذلك خطأ عظيمٌ وجهلٌ نعوذُ بالله منه»[3]. ليتبين أن المجاز العقلي أو الحكمي كما يسميه الجرجاني، يشكل تخريجه إلا بالتأويل، وأن المجاز عنده ينطلق من إشكالات إسناد الفعل إلى فاعله، وبالتالي ما يترتّب عنه من تأويله على الحقيقة أو المجاز، وفقاً للمعتقد، وما يرتبط بهذا الإسناد من قضايا الفكر الإسلامي، حول الصفات الإلهية، وخاصة الحرية، كمبدأ معتزلي مرتبط بالعدل الإلهي حسب تصورهم، في مقابل التوفيقية الأشعرية القائلة بالكسب، وهو ما قرّبهم إلى الحرية بمفهوم المعتزلة، وأبعدهم من جهة أخرى عن الجبرية، النافية لحرية الإنسان، والمسندة الأفعال، حقيقة إلى الله، ومجازاً إلى الإنسان، انسجاماً مع القدرة المطلقة لله، وعلمه بالغيب، وما يترتب عنهما من سلب حرية الإنسان في تغيير قدره وقضاء الله؛ لذلك حرص كلّ من هؤلاء البلاغيين داخل المنظومة الفكرية للفرق الإسلامية إثبات أو نفي المجاز من جهة، وتأويله من جهة ثانية، بالكيفية التي لا تمسّ الأساس والبناء الفكري الاعتقادي لكل فرقة على حدة ليبقى المعنى في كلّ الإجراءات البلاغية مدار التحليل والتأويل.

وهناك مسألة قرّرها العديد من البلاغيين القدماء والمحدثين، في اعتبارهم استعارة كلمات لأشياء أخرى، من المجاز، خاصة المجاز اللغوي الذي يراه البعض في كثير من الأحيان «جزءاً أساسياً من التفكير الإنساني، أي جزء من نسيج اللغة، التي هي جزء لا يتجزأ من عملية الإدراك، فنحن نتحدّث عن «عين الماء» و«يد الكوب» و«رجل المائدة»، وهذه كلها صور مجازية نستخدمها دون أن نشعر، نظراً لشيوعها وبساطتها، ولا يمكن إدراك بعض الظواهر الإنسانية المركبة ولا الإفصاح عنها دون اللجوء إلى المجاز المركب، أي أن استخدام المجاز أمر حتمي في معظم عمليات الإدراك والإفصاح، خصوصاً تلك التي تتناول الظواهر التي تتسم بقدر عالٍ من التركيب»[4] وهو رأي متداول في اعتبار العديد من الاستعمالات اللغوية مجازاً، لكن على سبيل المثال، عندما نتحدث عن يد الكوب أو يد أي آنية، فإننا نستعملها على الحقيقة وليس المجاز، وهذا هو القصد، وليس هناك أي عدول عن الحقيقة، فاللفظ الدال على معناه هو اليد، وهذه الاستعمالات ليست مجازاً، كما أنها مواضعة لغوية متَّفَق حولها في التداول اللغوي.

والخلاف في المعنى بصفة عامة، اهتمّ به المفسرون للنص الديني؛ لأن المعتقد المقدّس لا يجوز فيه خلاف، لكن البحث عن مكمن الخلاف شكّل دراسات مهمة، يمكن الاستفادة منها في بحوثنا الأدبية، ومناهجنا النقدية، فعلى سبيل المثال، نجد الشاطبي يحاول تفسير الخلاف في المعنى بين المفسرين، خاصة «ما كان ظاهره الخلاف وليس في الحقيقة كذلك... فتجد المفسرين ينقلون عن السلف في معاني ألفاظ الكتاب أقوالاً مختلفة في الظاهر، فإذا اعتبرتها

وجدتها تتلاقى على العبارة كالمعنى الواحد..»[5] ويردّها لأسباب:

«أحدهما.. يكون ذلك المنقول بعض ما يشمله اللفظ، ثم يذكر غير ذلك القائل أشياء أخر مما يشمله اللفظ أيضاً..

الثاني: أن يذكر في النقل أشياء تتفق في المعنى.. ويوهم نقلها على اختلاف اللفظ أنه خلاف محقق..

الثالث: أن يذكر أحد الأقوال على تفسير اللغة، ويذكر الآخر على التفسير المعنوي، وفرق بين تقرير الإعراب وتفسير المعنى، وهما يرجعان إلى حكم واحد؛ لأن النظر اللغوي راجع إلى تقرير أصل الوضع، والآخر راجع إلى تقرير المعنى في الاستعمال..

والرابع: أن لا يتوارد الخلاف على محلّ واحد؛ كاختلافهم في أن المفهوم له عموم..

الخامس: يختص بالآحاد في خاصة أنفسهم؛ كاختلاف الأقوال بالنسبة إلى الإمام الواحد، بناء على تغير الاجتهاد والرجوع عما أفتى به إلى خلافه..

والسادس: أن يقع الاختلاف في العمل لا في الحكم؛ كاختلاف القراء في وجوه القراءات..

والسابع: أن يقع تفسير الآية أو الحديث من المفسّر الواحد على أوجه من الاحتمالات، ويبنى على كل احتمال ما يليق به من غير أن يذكر خلافاً في الترجيح، بل على توسيع المعاني خاصة؛ فهذا ليس بمستقر خلافاً؛ إذ الخلاف مبني على التزام كل قائل احتمالاً

يعضده بدليل يرجحه على غيره من الاحتمالات حتى يبنى عليه [دون غيره]..

والثامن: أن يقع الخلاف في تنزيل المعنى الواحد؛ فيحمله قوم على المجاز مثلاً وقوم على الحقيقة، والمطلوب أمر واحد؛ كما يقع لأرباب التفسير كثيراً، في نحو قوله تعالى: {يخرجُ الحيَّ منَ الميِّتِ ويُخرجُ الميّتَ منَ الحيِّ} [يونس: 31] فمنهم من يحمل الحياة والموت على حقائقهما، ومنهم من يحملهما على المجاز، ولا فرق في تحصيل المعنى بينهما، ونظير هذا قول ذي الرمة:

وظَاهرْ لها منْ يابسِ الشَّخْتِ[6]

... ومثل ذلك قوله تعالى: {فأصْبحتْ كالصريمِ} [القلم: 20]؛ فقيل: كالنهار بيضاء لا شيء فيها، وقيل كالليل سوداء لا شيء فيها، فالمقصود شيء واحد، وإن شُبّهَ بالمتضادين اللذين لا يتلاقيان..

والتاسع: أن يقع الخلاف في التأويل وصرف الظاهر عن مقتضاه إلى ما دلّ عليه الدليل الخارجي؛ فإنّ مقصود كلّ متأولٍ الصرفُ عن ظاهر اللفظ إلى وجه يتلاقى مع الدليل الموجب للتأويل، وجميع التأويلات في ذلك سواء؛ فلا خلاف في المعنى المراد..

والعاشر: الخلاف في مجرد التعبير عن المعنى المقصود وهو متحد؛ كما اختلفوا في الخبر: هل هو منقسم إلى صدق وكذب خاصة، أم ثمّ قسم ثالث ليس بصدق ولا كذب؟

فهذا خلاف في عبارة، والمعنى متفق عليه..

هذه عشرة أسباب لعدم الاعتداد بالخلاف..»[7].

وما أورده صاحب الموافقات مهم بالنسبة لنا في معرفة الخلاف في المعنى تحديداً، بين القراءات المتعددة، ويمكن نقلها من النص الديني/ القرآن والحديث، إلى الخطابات الأخرى، بما فيها الإبداعية، والشعرية تحديداً، وهو ما جعل بعض أمثلته يجريها على الشعر. وما يهمنا أساساً في هذا السياق، مسألة إجراء اللفظ على الحقيقة أو المجاز، الذي لا يترتب عنه اختلاف في المعنى الجوهري، وليس الظاهري، وكأن الشاطبي يريد التوفيق بين القراءات البلاغية؛ لأنها لا تغير من المعتقد الديني، أو المعنى الجوهري، وكأنه يقول: ماذا سيتغير من المعنى لو حملنا «الحياة والموت» سواء على الحقيقة أو المجاز؟ أو الصريم في الآية أن تحمل على السواد أو البياض، فالمقصود هو اللون الواحد لا وجود لأي نقطة لون آخر عليه، وما يثيرنا أيضاً مسألة التأويل، لكنّ اللافت للانتباه أن الشاطبي أقام الأسباب العشرة للاختلاف في التفسير على أساس أن المعنى المقصود في ظاهره خلاف وفي جوهره لا خلاف حوله، وهي مسألة نسبية، إذا ما اعتبرنا أن المعنى هو مدار الخلاف؛ ولهذا يبقى الخلاف قائماً بين الشاطبي وغيره في كثير من المعاني المستنبطة، بالرغم من محاولاته تذويبها عبر آلية التحليل البلاغي واللغوي والاستدلالي.

ويلاحظ أن جلَّ الشروح باعتبارها نقداً تطبيقياً، ومجهراً معيارياً لسبر أغوار النص الشعري / البيت أو القصيدة، ومعرفة قيمته الجمالية والدلالية، جعلت المعنى أهمّ ما ينبغي الوصول إليه، أي البلاغة باعتبارها إفهاماً وإيصالاً للمعنى، وتبقى جميع المكونات الأخرى آليات للوصول إلى المعنى، ومن ثمة لا مجال للوصول

إلى الصورة أو الاستعارة أو المجاز بصفة عامة أو الكناية أو البديع إلا من خلال المعنى أو من أجل المعنى، ومتى أغلق المعنى انغلق معه السبيل لقراءة القصيدة، وتذوقها. ومن هنا كان المعنى الأساس في الشروح ولا يمكن الولوج إليه إلا من معبر المعجم، ولا يمكن إطلاقاً الوصول إلى المعنى دون هذا المستوى من التحليل أو القراءة، و«يتشكل الخطاب النصي من أبنية لغوية، الأمر الذي يقتضي من أية مقاربة علمية له أن تتأسس على اللغة، باعتبارها أهم متغير مناسب لطبيعته، ومن ثمة فإن نظرية اللغة، وما يعتريها من تحولات تقع في ذروة النسق المعرفي المتصل بالبلاغة والأدب..»[8]؛ لذا ركزت القراءات المقدمة للنصوص على المستوى المعجمي، باعتباره عتبة لا يمكن تجاوزها، لكشف البلاغي وللوصول إلى المعنى، ويمكن لهذا المستوى أن يتجاوز مع افتراض التمكن منه، أي إنه يحضر ضمنياً أو مصرحاً به، ثم يأتي المستوى البلاغي الذي يصب اهتمامه أيضاً على معنى المعنى، وليس فقط المعنى، كما أن تحديد المعنى هو أيضاً رسم لدرجة الصفر للكتابة، في محاولة معرفة الانزياح الكائن أو الممكن، بحسب التأويل، وهو ما يشير إليه بول ريكور في كثير من السياقات التي تحدث فيها عن التأويل، والمعلوم أن جل المناهج الحديثة أولت للمعنى أهمية قصوى، بل اعتبرت مرحلة وخطوة لا بدّ منها للوصول إلى ما يتصور المنهج أن الخطاب الأدبي يعكسه، سواء ذات المبدع أو الواقع الاجتماعي أو غير ذلك؛ ويرى – على سبيل المثال لا الحصر – د. عبد السلام المسدي، في عرضه للأسلوبية أن الأدب مزدوج في بنيته، بحيث لا تتحقق النشوة الجمالية للأثر إلا بعد تحقق الإدراك، فيتلقى العقل الخطاب مثل ما يتلقاه ما وراءه،

«فهذا الازدواج هو الذي يحتّم علينا القول بأن لا شرعية لأي نظرية جمالية في الأدب ما لم تتخذ من مضمون الرسالة الأدبية أسّاً لها، بل أهم قواعدها التأسيسية، كما لا يمكن الإقرار بأي قيمة جمالية للأثر الأدبي ما لم نشرّح مادته اللغوية على أساس اتحاد منطوق مدلولاتها بملفوظ دوالها، ثم إنه لا أسلوبية من دون غوص في أبعاد الظاهرة اللغوية في حدّ ذاتها»[9]، إلا أن المعنى في النص الشعري يبدأ بالمعنى الحرفي لتنتقل به القراءة إلى المعنى المجازي، وهو ما يتحدد لنا من خلال مفهوم المجاز.

2 - الحقيقة مقابلاً للمجاز:

اعتبرت الحقيقة الأصل في الكلام، وأخذه على أصله هو ما أخذ به التحليل، بل إن معظم البلاغيين عندما يَرِد «كلامٌ يجوز أن يُحمل معناه على طريق الحقيقة وعلى طريق المجاز باختلاف لفظه، فانظر، فإن كان لا مزية لمعناه في حمْله على طريق المجاز، فلا ينبغي أن يُحمل إلا على طريق الحقيقة، لأنها هي الأصل، والمجاز هو الفرع، ولا يُعْدَلُ عن الأصل إلى الفرع إلا لفائدة، مثال ذلك قول البحتري:

مَهيبـاً كَنَصْلِ السّـيفِ لـوْ قذفت بهِ

ذُرَى أجـا ظَلّـتْ وأعلامُـه وَهْـدُ

.. فهذا البيت لا يجوز حمله على المجاز، لأن الحقيقة أولى به، ألا ترى أن «ذُرا» جمع «ذِروة» وهو أعلى الشيء، يقال: ذِروة الجبل أعلاه، والطّلى جمع طُلْبة وهي العنق، والعنق أعلى الجسد، ولا فرق

بينهما في صفة العلوّ هنا، فلا يُعدل إذاً إلى المجاز، إذ لا مزيّة له على الحقيقة.

وهكذا كلُّ ما يجيء من الكلام الجاري هذا المجرى، فإنه إنْ لم يكن في المجاز زيادة فائدة على الحقيقة لا يُعْدل إليه..»[10] وهي إشارات مهمة توجّه التحليل أو الإجراء البلاغي للمجاز، فالعدول عن الأصل لغاية بلاغية، أو لفائدة.

لكن سؤال الحقيقة كما طرحه البلاغيون لم يأخذ منهم جهداً كبيراً، مثلما نجده في المجاز، حيث تخبط فيه البلاغيون مثل ما سلف مع ابن الأثير، وطرح السكاكي سؤالاً: «ما هي الحقيقة؟» ليجيب مقارناً بينها وبين المجاز بقوله:

«فالحقيقة هي الكلمة المستعملة فيما هي موضوعة له من غير تأويل في الوضع، كاستعمال الأسد في الهيكل المخصوص، فلفظ الأسد موضوع له بالتحقيق ولا تأويل فيه، وإنما ذكرت هذا القيد ليحترز به عن الاستعارة، ففي الاستعارة تعدّ الكلمة مشتملة فيما هي موضوعة له على أصح القولين، ولا نسميها حقيقة، بل نسميها مجازاً لغوياً لبناء دعوى المستعار موضوعاً للمستعار له ضرب من التأويل»[11].

ليعود إلى تسميتها بذلك، فسميت بذلك «لمكان التناسب، وهو: أن الحقيقة إما فعيل، بمعنى: مفعول، من حقّقت الشيء أحقه، إذا أثبته، فمعناه المثبت؛ والكلمة متى استعملت فيما كانت موضوعة له، دالة عليه بنفسها، كانت مثبتة في موضعها الأصلي؛ وإما فعيل،

بمعنى: فاعل، من حقّ الشيء يحقُّ إذا وجب، فمعناها الواجب وهو الثابت»[(12)].

ويبني السكاكي الحقيقة والمجاز على مفهوم التناسب، فالحقيقة تناسب المثبت، فهي مثبتة في موضعها، بينما المجاز يقوم على جهة التناسب، فهو من جاز المكان إذا تعداه، واستعمال الكلمة في غير موضعها الأصلي، فقد تعدّته، كما أنّ الأساس الذي يبني عليه الفرق بينهما، هو التأويل؛ ولا يمكن الانتقال من الحقيقة / الأصل إلى المجاز / العدول عن الأصل وتجاوزه، إلا عن طريق التأويل.

3 - التشبيه بين الحقيقة الأصل والمجاز/ الاستعارة:

من الإشكالات التي طُرحت في البلاغة علاقة التشبيه بالمجاز، والتبس على المدققين للمفهومين الحدّ الفاصل بينهما، فقد اعتبر البعض «المجاز جنساً يشتمل على أنواع كثيرة، كالاستعارة والمبالغة والإرداف والتمثيل والتشبيه، وغير ذلك مما عدل فيه عن الحقيقة الموضوعة المعنى المراد، وهذه الأنواع وإن كانت من المجاز، فكونها متعددة لخلوها عن معنى زائد عن تجوز الحقيقة، كالاستعارة والتشبيه، وبقية ما ذكر من الأنواع، فلما لم يكن لَه غير تجوز الحقيقة اختصاراً، أفرد باسم المجاز، إذ لا يليق به غيره»[(13)].

والاعتقاد بأن التشبيه لا يطرح أي إشكال في تأرجحه بين الحقيقة والمجاز، مجانب للصواب، كما أن طرحه في النقل الديداكتيكي؛ أي من المعرفة العالمة إلى المعرفة المدرسّة للتلاميذ، ربما سيشوش

على الفهم، ويشير الإفراني إلى هذا في: «فائدة: كثير من الطلبة يعتقدون أن نحو: زيد أسد، مجاز، وليس كذلك بل هو حقيقة إلا في قول ضعيف، ويدل لذلك قوله في التلخيص: أطبق البلغاءُ على «أن الاستعارة أبلغ من التشبيه لأنها نوع من المجاز» قال الشارح: مُرادُه بالاستعارة التحقيقية والتمثيلية دون التخييلية والمكنية؛ لأنهما حقيقة عند المصنف، لا السكاكي، وقوله نوع من المجاز، يعني والمجاز أبلغ من الحقيقة، انتهى. وزعم السعد أنّ (زيد أسد) يجوز أن يكون من الاستعارة، والأصل: زيد رجل شجاع كالأسد، وهو مع كونه خلاف المنصوص تكلم معه السيد في ذلك، فليراجع. نعم، ذهب بعض الأصوليين إلى أن (زيد أسد) مجاز، قاله الغيريني» [14].

ويندرج كل من التشبيه والاستعارة – إضافة إلى التمثيل والمجاز – ضمن جنس التخييل عند السجلماسي[15]. واعتماد الاستعارة عند عبد القاهر الجرجاني، «التشبيه»[16]، وهذا التداخل دفع بعض الدارسين إلى تحديد الفرق بينهما، بعدما «ظن بعضهم أنه لا فرق بينهما، وهو باطل، لأن التشبيه حكم إضافي، لا يوجد إلا بين شيئين... وأيضاً، فكما أن التشبيه مطلوب من الاستعارة، فكذلك الإيجاز مطلوب منها، ألا ترى أنك إذا قلت: «رأيت أسداً»، فقد أفدت أنك رأيت رجلاً شبيهاً بالأسد في شجاعته؟ فإن ذلك الشبه على أتم ما يكون، فقد نابت تلك اللفظة مناب هذا الكلام الطويل، فالتشبيه إذا أخذ غرضي الاستعارة، فكما لا يجوز أن يقال: الاستعارة من باب الإيجاز، فكذلك لا يجوز أن يقال إنها من باب التشبيه»[17].

واعتبر أحد الباحثين أنه منذ بداية البحث في التشبيه والاستعارة

«والعلماء يخلطون بينهما، فيجعلون الاستعارات تشبيهات، وكثيراً ما يعكسون، فيطلقون على بعض التشبيهات لقب الاستعارة»[18].

ويعتبر التشبيه المكون من أهم المكونات التي تقوم عليها البلاغة عموماً، وعلم البيان خصوصاً، كما يشكل أهم عناصر الصورة الشعرية، بل إنه كما «قال أبو العباس: والتشبيه جار كثيراً في الكلام، أعني كلام العرب، حتى لو قال قائل: هو أكثر كلامهم لم يبعد»[19].

وعرف هذا المكون اهتماماً كبيراً في الدراسات البلاغية والنقدية، حيث فصلت في تحديد مفهومه وأركانه وأغراضه ومحاسنه وعيوبه، إلا أن هذا الزخم الهائل من الدراسات النظرية، رغم اعتمادها الشاهد البلاغي، لم تحقق الوجود الفعلي للتشبيه إلّا من خلال قراءة النص وتحليله في ضوء هذا المفهوم، فمن خلال هذه المواجهة البيانية للنص نختبر الأدوات البلاغية الإجرائية، كما نختبر مؤهلات القارئ / الشارح، في عملية سبر أغوار النص الشعري.

إلا أن المسألة مرتبطة بالتأويل، ولا ينحصر الاختلاف في الحدود بين الاستعارة والتشبيه، بل يتعدى هذا إلى المجاز والحقيقة، فمن خلال قول اليوسي:[20]

أَصَابَتْهُمُ عَيْنُ الْكَمَالِ فَغَادَرَتْ
أَكُفَّهُمُ مِنْ كُلِّ مَا جَمَعَتْ صِفْرَا

يرى ابن الشاذلي أن اليوسي «أراد بما جمعت أكفهم؛ ما تأتّى لهم من أسباب الألفة واجتماع الشمل، إذ سياق الكلام في ذلك، ونسب

جمعها إلى الكف، وهي أمور معقولة غير محسوسة، على سبيل المجاز؛ لأن أغلب ما يحصل في المحسوسات يكون باليد».

يسير التحليل البلاغي لهذه الصورة الشعرية في اتجاه كونها حققت انزياحاً، في حين يذهب محمد البكري إلى قراءة أخرى، رائياً أن الشاعر «يحتمل أن يريد أنهم خرجوا من غير اختيار، فتركوا ديارهم وأموالهم وبضائعهم، وهو الواقع، ويكون حقيقة لا مجازاً، والأصل الحقيقة»[21].

والأمثلة كثيرة لمّا يواجهُ البلاغيُّون الخطابات المتعددة؛ لأن المسألة مرتبطة بالمعنى العميق، المرتبط أصلاً بالمقصدية البلاغية، وقد أثار ابن الشاذلي في معرض شرحه للبيت الرابع من رائية الحسن اليوسي، بيتاً لابن المعتز، كنظير لصورة الفوارس نقشت على الكأس، وهو قوله:[22] [من الوافر]

بِـكَأسٍ مِـن زُجـاجٍ فيـهِ أُسـدٌ
فَـرائِـسُـهُـنَّ أَلـبـابُ الـرِجـالِ

وينطلق التحليل البلاغي، عند الشارح الثاني محمد البكري، من مكون التشبيه، ليصحح الصورة الشعرية المقصودة في بيت ابن المعتز، حيث يذهب الشارح الثاني إلى أن هذا البيت أنشده غير واحد «في هذا الموضع، ويحتمل أن ابن المعتز لم يرد ذلك، وإنما قصد إلى تشبيه الخمر بالأسد، كقول الآخر: [من الطويل]

وَغَـابَ مِنَ الْأَكْـوَاسِ فِيهَا ضَرَاغِمُ
مِنَ الـرّاحِ أَلْبَاب الرِّجَالِ فَرِيسُـهَا

وقال ابن مكانس: [من الطويل]

إِذَا مَـا أُدِيرَتْ فِي حَشَـا عَسْـجَدِيّةٌ

بهـا كل ذي ملـك وتـاج تصـورا

فَحَسْـبُكَ نُبْـلاً فِي السِّـيَادَةِ أَنْ تَرَى

نَدِيمَكَ فِي الْكَاسَاتِ كِسْرَى وقَيْصَرَا

إن الإجراء البلاغي على هذه الأبيات جاء في سياق نقد النقد، أو مغامرة لفهم بلاغي جديد، يفند الفهم السائد، المتفق عليه، فقدم بيت ابن المعتز في معناه البسيط المحدد في صورة الكأس نقشت عليه صورة الفوارس، وقد أورد ابن الشاذلي البيت في إطار النظير البلاغي لوصف الصور في الكؤوس، فأتى بنماذج شعرية لأبي نواس والناشئ وابن رباح الأندلسي ثم لابن المعتز، وفي هذا السياق يأتي تعليق محمد البكري.

إلا أن الإشكال المطروح علينا، هو أن بيت ابن المعتز لا يمثل الظاهرة البلاغية التي نحن بصددها، أي التشبيه، فالصورة كالآتي:

الأسد (المشبه به / المستعار منه) ⟵⟶ [غائب]

الخمر: (المشبه / المستعار له) ⟵⟶ [حاضر]

وإذا كان المثال لا يحضر فيه المشبه به أي الخمر، فهذا يعني أن الإشكال يعود إلى الأساس النظري للتشبيه في علاقته بالأساس النظري للاستعارة، فالمقصود بالتشبيه هنا، الاستعارة، باعتبارها تشبيهاً حذف أحد طرفيها.

- أما في تحليله للصورة الشعرية في البيت التاسع والعشرين، وهي صورة جميلة:

بِـلَادٌ إِذَا ذُقْنَـا رُضَـابَ مَعِينِهَـا

فَمَا لِرُضَـابِ الْعِينِ نَلْتَمِسُ الثَّغْـرَا

يرى ابن الشاذلي أن اليوسي شبه «ماء هذه البلاد بالرضاب، ثم فضله على رضاب العين، ووجه الشبه بالرضاب العذوبة وطيب الرائحة، أو غير ذلك، فإن الرضاب ليس هو اسم للريق مطلقاً»[23].

يلاحظ أن الشارح يضع القارئ أمام صورة شعرية، يعيدها إلى أصلها أو حقيقتها، فيستحضر الماء/الحقيقة في علاقته بالرضاب/ المتخيل الذي يحدده التشبيه.

لكن البلاغة العربية، وإن كانت تقبل على المستوى الإجرائي هذا التحليل؛ فإنها ترى انزياحاً حصل في هذه الصورة، باعتبار حذف المشبه (الماء)؛ أي حذف أحد طرفي التشبيه، وعليه فإننا ننتقل من الأصل (التشبيه) إلى الاستعارة، وهو نفس التصور الذي رأيناه في تعامله مع النماذج الاستعارية الأخرى.

- ويتأكد لنا ما أشرنا إليه، حول علاقة التشبيه بالاستعارة، في تعامل ابن الشاذلي مع البيت الخامس والثلاثين:[24]

وَهَيْهَـاتَ وَادِي يُنْبِـتُ الرَّنْدَ أَيْكُـهُ

وَهَيْهَاتَ رَوْضٌ يُطْلِعُ الشَّـمْسَ وَالْبَدْرَا

فيرى أن الشاعر «شبه أزهاره [الروض] الحمر وأنواره البيض

بالشمس والبدر في النور والاستدارة والحسن والاستنارة».

ومن خلال هذا الإجراء البلاغي يتأكد لنا مفهوم التشبيه عند الشارح، إذ يعتبر هذه الصورة الشعرية تدخل في إطار التشبيه، فيحدد طرفيه، ووجه الشبه دون الدخول في تفاصيل التحليل البلاغي، الذي يؤول إلى اعتبارها صورة شعرية حققت الكلمة خروجاً عن الوضع اللغوي، أو انزياحاً عن درجة الصفر للكتابة، فكلمة «الشمس» وكلمة «البدر» استعملتا في غير ما وضعهما اللغوي، والأصل أزهار حمر كالشمس، ونوار بيض كالبدر، إلا أن أحد طرفي التشبيه (المشبه) حذف، وعلى هذا الأساس تدخل الصورة في مبحث الاستعارة، إلا أن الشارح يلتزم بالأصل البلاغي للصورة، فرغم الحذف أو الإضمار يبقى التشبيه قائماً، والمحذوف يحضر في متخيل الباث والمتلقي.

– ويستنتج الشارح/ ابن الشاذلي من خلال قراءة البيت الثامن والثلاثين:[25].

وَهَـلْ طَلْعَـةٌ تَكْفِينِـيَ الْبَدْرَ طَالِعـاً
وَهَـلْ لَمْعَـةٌ تَكْفِينِـيَ الثَّغْرَ مُفْتَـرَّا

أن اليوسي «تمنى رؤية تلك البلاد القائمة بأنوارها مقام الشمس والبدر، والعتبة من نوارها عن افترار الثغر»[26].

ويرى محمد البكري أن اليوسي «يحتمل أن يكون أراد بقوله: وهل طلعة من أحبابه تكفيه عن البدر؛ لأنهم كالبدور سناء وحسناً، ولا غرابة في ذلك، فهذا المعنى مطروق يقصده كل عاشق ومعشوق...»[27].

وإذا كان ابن الشاذلي يلمّح إلى تشبيه مضمن في البيت، فإن محمد البكري يذهب إلى أن اليوسي قصد تشبيه أحبته بالبدر.

وكما سبقت الإشارة فإن ما ذهب إليه الشارح، هو مفهوم محدد نظرياً للتشبيه عند بعض الدارسين، ويعكس رؤية أو قراءة ممكنة للصورة الشعرية، سيما وأن ابن بسام الذي اعتمده الشارح جاء بأنموذج يسير في نفس الاتجاه، بحيث يرى أن بيت محمود: [من البسيط]

تنْضُو السّـحَائبُ عن بَـدْرٍ وَأَنْجُمِهِ
وَتَمسَـحُ الطّـل عَـنْ وَرْدٍ بِعُنّـابِ

شبه فيه الشاعر «العناب بالسحاب، والوجه بالبدر، والحلي والسيوف بالنجوم، والعرق بالطل، والخد بالورد، والأنامل المخضبة بالعناب»[28]، وما ذهب إليه الشارح ينطبق على هذه الصور، بحيث يكشف التحليل البلاغي على وجود طرف واحد للتشبيه دون الآخر، فلا وجود للعناب والوجه والحلي والسيوف والعرق والخد والأنامل المخضبة إلا في الإجراء البلاغي، ومع ذلك إن مفهوم التشبيه هنا، ربما، لا يلغي اعتبار استعارية الصور، وهو ما ينسحب على جل التشبيهات في تحليل الشارحين، ومثال التشبيه الذي أورده صاحب الذخيرة «فأمطرت لؤلؤاً...» يندرج عند الطيبي ضمن الاستعارة التحقيقية[29].

والقراءات المتعددة للشعر كثيرة في النقد الأدبي القديم، خاصة التي دخلت غمار المعارك الأدبية حول الشعراء، ومن بينها وساطة

القاضي الجرجاني، وموازنة الآمدي، إذ نقف على التباين في التحليل البلاغي لمكون التشبيه، سواء من حيث فهم معناه، أو من حيث جماليته وقيمته الفنية، أو ما سمي بالإصابة في التشبيه، مثلاً يورد الآمدي إنكار أبي العباس أحمد تشبيه أبي تمام عنق الفرس بساق أراكة في قوله:

هاديـه جـذعٌ مـنَ الآراكِ، ومـا

تـحت الصّـلا منه صخْرةٌ جَـلْسُ

حيث يعلق عليه بقوله: «وأخطأ أبو العباس في إنكاره على أبي تمام أن شبّه عُنقَ الفرس بالجذع، وتلك عادة العرب، وهو في أشعارها أكثر أن يُحصى، وقد بينت ذلك فيما غلط فيه أبو العباس على أبي تام.

وأصاب أبو العباس في إنكاره أن تكون عيدان الأراك جذوعاً، وإن لم يخلص المعنى؛ لأن عيدان الأراك لا تغلظ حتى تصير كالجذوع، ولا تقاربها.

فإن قيل: إن الشجرة من الآراك قد تعظم حتى تصير دوحة..

قيل: إن الأمر وإن كان كذلك في بعض شجر الآراك من علوها وتشعب أغصانها فإن قائم الشجرة وعيدانها لا تغلظ ولا تمتلئ...

فإن قيل: فقد قال ذو الرمة:

وهـادٍ كجـذع السـاج سـامٍ يقوده

معـرّقُ أحنـاءِ الصّبيّيـنِ أشـدق

قيل: ذو الرمة إنما قال ذلك للتشبيه؛ لأن العود من الساج يشبه الجذع المنحوت في غلظته وهيئته..».

وهذه الاعتراضات التي يأتي بها النقاد ويناقشها الآمدي، كثيرة، وتدلّ على التأويل الذي يلجأ إليه النقاد في إجرائهم للمعاني، وقياسها جمالياً على الواقع، وعلى ما قيل في أشعار العرب، ومن خلالها يتبين أن القراءة البلاغية للمعنى ملتبسة، فالمتتبع لحجاج الآمدي في تخطيئ أبي تمام، يقف على تأويل المعنى، المحدّد للغلط أو الرداءة من منظور الناقد، مثلاً قول أبي تمام في علي بن الجهم:

هِـيَ فُرقَـةٌ مِن صاحِـبٍ لَـكَ ماجِدِ
فَغَـداً إِذابَـةُ كُلِّ دَمـعٍ جامِـدِ

فَافـزَع إِلـى ذُخرِ الشُـؤونِ وَغَربِهِ
فَالدَمـعُ يُذهِـبُ بَعضَ جَهـدِ الجاهِدِ

وَإِذا فَقَـدتَ أَخـاً وَلَـم تَفقِـد لَـهُ
دَمعـاً وَلا صَبـراً فَلَسـتَ بِفاقِـدِ

«قوله: «يُذهب بعض جهد الجاهد» أي: بعض جهد الحزن الجامد، أي: الحزن الذي جهَدَكَ فهو الجاهد لك، ولو كان استقام له [أن يقول] «بعض جهد المجهود» لكان أحسن وأليق، وهذا أغرب وأظرف.

وقد جاء فاعل بمعنى مفعول؛ قالوا: «عيشة راضية» بمعنى مرضية... ولكن ليس في كل حال يقال، وإنما ينبغي أن يُنتهى في

اللغة إلى حيث انتهوا، ولا يُتعدّى إلى غيره؛ فإن اللغة لا يقاس عليها.

وقوله: «فلم تفقد له دمعاً ولا صبراً» من أفحش الخطأ؛ لأن الصابر لا يكون باكياً، والباكي لا يكون صابراً، فقد نسق بلفظه على لفظة وهما نعتان متضادان، ولا يجوز أن يكونا مجتمعين..

وقد لاح لي معنى أظنه – والله أعلم – إليه قصد، وهو أن يكون أراد فقدت أخاً فلم تفقد له دمعاً؛ أي يواصل البكاء عليك – فلست بفاقد؛ لأنه إن صبر وسلاك فليس ذاك بأخ يعوّل عليه، فلست أيضاً بفاقده؛ لأنك لا تعتدّ به موجوداً ولا مفقوداً، ولكن ذهب أبو تمام أن هذا غير جائز؛ لأنه وصف رجلاً واحداً بالوصفين جميعاً..

فهذا وأشباهه الذي قاله الشيوخ فيه، من أنه يريد البديع فيخرج إلى المحال»[30]، وهي محاورات تدل على تعدد القراءات، سواء كانت محكومة بخلفية أو أنها تحاول بموضوعية دراسة الشعر في ضوء الشعرية العربية. وإن كنا بعد دراستنا لموازنة الآمدي في دراسة أخرى خصصت للمقارنة بينه وبين وساطة القاضي الجرجاني، أن الآمدي في كثير من الانتقادات التي وجهها لأبي تمام، وتخطيئه في المعنى وتبخيس قيمة شعره، فيها بعض المبالغة، وأحياناً يكون الاعتراض على ما هو موجود في الشعر العربي، وفي إمكانية قراءة الشعر أو البيت من الشعر في السياق الذي يبدع فيه الشاعر، وحمل الحقيقة على المجاز من إمكانات التخريج البلاغي، والقراءة الممكنة، كما أن الإشكال في كثير من الأحيان مرده إلى عدم التمييز بين ما أشار إليه حازم القرطاجني، وهو يحاول تحديد القوانين أو الشعرية

العربية، وفي هذا السياق يميز بين الأقاويل الشعرية وغير الشعرية، وفي «الأقاويل غير الشعرية، وخصوصاً ما قصد به التصديق والدلالة على ماهيات الأشياء، إنما تفهم منها في أكثر الأمر تلك اللواحق والأعراض على جهة الالتزام والتضمن، وليس ما يكون نصاً على الشيء في تمكين إلقائه من النفس طبقاً له مثل ما لا يفهم الشيء منه إلا بطريق ضمن أو لزوم.

وأيضاً فإن الأقاويل الشعرية يحسن موقعها من النفوس من حيث تختار مواد اللفظ وتنتقي أفضلها وتركّب التركيب المتلائم المتشاكل... يجب فيه تخييل أجزاء الشيء عند تخييله حتى تتشكل جملته بتشكل أجزاء، فتقوم صورته بذلك في الخيال الذهني على حدّ ما هي عليه خارج الذهن، أو أكمل منها إن كانت محتاجة إلى التكميل.»[31].

وهو ما لا يتحقق في العديد من القراءات التي تخلط بين الشعر والنثر، بين الالتزام والتضمن، وبين التخييل الذي يشكل الصور في الخيال الذهني؛ للتأثير في النفوس، ولا يقصد منها نقل الصور الخارجية كما هي، فالمحاكاة التي يقيمها النقاد المتأثرون بالفلسفة اليونانية، ركزوا على هذا المفهوم، وهو الذي يمكن أن نعبر منه إلى مفاهيم متعددة، ومنها التشبيه والاستعارة، فيرى حازم أن «محاكاة المحسوس بغير المحسوس قبيحة»[32] رابطاً المحاكاة بتأثيرها في النفس.

والحقيقة أن الاختلاف في التخريج البلاغي مرده إلى تعدد القراءات الممكنة للخطاب الشعري، فالفهم يتحدد انطلاقاً من تأويل المرجع، في حين إن «الحقيقة ترجع إلى إثبات الكلمة في موضعها، وأن المجاز يرجع إلى إخراج الكلمة عن موضعها، حقها أن لا تسمى حقيقة ولا

مجازاً، كالجسم حال الحدوث لا يسمى ساكناً ولا متحركاً»[33]. وعليه فإن تفسير كل من ابن الشاذلي ومحمد البكري يبقى منطقياً مقبولاً، مع ترجيح القراءة الثانية باعتبار الأصل في هذه الحقيقة.

ويرتبط التشبيه بالاستعارة، وهو ما جعل هذا المكون من أهم الأدوات الإجرائية في التحليل البلاغي للشعر، بل إن بعضهم رأى في الشعر استعارة، ورأى البلاغيون العرب ملتبسة بالتشبيه، أو هي كما عبر بعضهم مولود المجاز والتشبيه، فـ« قالوا: زوّج المجاز بالتشبيه فتولد بينهما الاستعارة، فهي مجاز علاقته المشابهة»[34] وهي إشارة طريفة لمفهوم الاستعارة التي جمعت داخل المجاز بين التشبيه والمجاز، وتعليمياً نقدم مفهوم الاستعارة انطلاقاً من التشبيه، الذي حذف أحد طرفيه؛ لذا عرّفها الجاحظ بـ «تسمية الشيء باسم غيره إذا قام مقامه»، وقال قدامة بن جعفر: «هي استعارة بعض الألفاظ في موضع بعض على التوسع والمجاز» ونفس المنحى نحاه القاضي الجرجاني: «ما اكتفى فيها بالاسم المستعار عن الأصلي ونقلت العبارة فجعلت مكان غيرها، وملاكها بقرب التشبيه، ومناسبة المستعار للمستعار له، وامتزاج اللفظ بالمعنى حتى لا يوجد بينهما منافرة، ولا يتبين في أحدهما إعراض عن الآخر»[35]. وذهب عبد القاهر الجرجاني إلى أن «الاستعارة في الجملة أن يكون لفظ الأصل في الوضع اللغوي معروفاً تدلّ الشواهد على أنه اختصّ به حين وضع، ثم يستعمله الشاعر أو غير الشاعر في غير ذلك الأصل، وينقله نقلاً غير لازم فيكون هناك كالعارية»[36]. وعبّر عنها ابن الأثير بقوله: «الاستعارة هي طيّ ذكر المستعار له الذي هو

المنقول إليه، والاكتفاء بذكر المستعار الذي هو المنقول»[37]، ولم يخرج السكاكي: «الاستعارة أن تذكر أحد طرفي التشبيه وتريد به الطرف الآخر مدعياً دخول المشبه في جنس المشبه به، دالاً على ذلك بإثباتك للمشبه ما يخص المشبه به»[38]، وتبعه القزويني فحددها بقوله: «الاستعارة مجاز علاقته تشبيه معناه بما وضع له، وكثيراً ما تطلق الاستعارة على استعمال المشبه به أي المشبه، فيسمى المشبه به مستعاراً منه، والمشبه مستعاراً له، واللفظ مستعاراً»[39].

ومما سبق يمكن القول، إنّ المجاز استعارة، عندما تكون علاقة المشابهة جامعة بين المستعار منه والمستعار له، ويكون أحدهما محذوفاً، فالاستعارة على هذا الأساس مجاز لغوي يستدعي معرفة الوضع اللغوي للمفردة باعتباره بؤرة المعنى المجازي، ومحاولة الربط بين الدلالة الحرفية والدلالات الممكنة لتحقق المجاز؛ لذا حاول البلاغيون في تحليلهم الكشف عن ثنائية الحقيقة والمجاز بين المستعار منه والمستعار له في الدال الاستعاري (المستعار)، ونعتقد أن التقسيمات التي قدمها البلاغيون القدماء للاستعارة هي من قبيل الشرح التعليمي، فتقسيمها مثلاً إلى تصريحية صرّح فيها بالمستعار منه (المشبه به) والمكنية التي يختفي فيها المستعار منه؛ ليعوض بلازم من لوازمه، في حين إن اللازم الدال على المحذوف هو تقريب للمعنى، والمراد في الإبداع ليس المؤول في التحليل باعتباره محذوفاً بل الظاهر. فمثلاً قوله تعالى: {واخفض لهما جناح الذل من الرحمة} (الإسراء آية 24)، الاستعارة حسب تأويل الشريف الرضي يأتي إجراء الاستعارة في الآية الكريمة باعتبارها: «استعارة عجيبة

وعبارة شريفة، والمراد بذلك الاخبات للوالدين وإلانة القول لهما بالرفق واللطف بهما وخفض الجناح في كلامهم عبارة عن الخضوع والتدلل وهما ضد العلو والتعزز؛ إذ كان الطائر إنما يخفض جناحه إذا ترك الطيران، والطيران هو العلو والارتفاع، وقد يستعار ذلك لفرط الغضب والاشتطاط، فيقال قد طار فلان طيرة إذا غضب واشتط... وإنما قال تعالى: {واخفض لهما جناح الذل من الرحمة} ليبين تعالى أن سبب الذل هو الرحمة والرأفة لئلا يقدر أنه الهوان والضراعة، وهذا من الأغراض الشريفة والأسرار اللطيفة»[40].

ولم يكن مفهوم الاستعارة Métaphore في الدراسات الغربية بعيداً عن مفهومها في البلاغة العربية، ولم تكن هذه الظاهرة البلاغية التركيبية من حيث الوصف مختلفاً حولها كثيراً، كما لم تكن الأسئلة المطروحة حولها مختلفة عما طرحه النقد الغربي، من بحث العلاقة بين الاستعارة والتشبيه، وإمكانية العودة بها إلى الاستعمال الخالي والعاري من الاستعارة، وما الإضافة التي يضيفها الأسلوب الاستعاري، وغيرها من الأسئلة المرتبطة بتحليل الخطاب خاصة الشعر؛ لكن تحليلها في سياقات شعرية أو نثرية وفي القرآن الكريم أفضى إلى بعض الاختلاف في تصور الاستعارة، ويلخص ماكس بلاك (أحد أنصار النظرية التفاعلية للاستعارة) مساراً من مسارات التحليل الذي أفضى إلى وضع نظريتين للاستعارة، ليطرح بديلاً ثالثاً؛ للنظرية الاستبدالية، والنظرية المقارنة، وهي النظرية التفاعلية، «إذ ناقش في كتابه الموسوم بـ «النماذج والاستعارة» Model et Métaphore ثلاث نظريات للاستعارة»[41] وبنى رفضه للنظريتين

على مفهوم الاستعارة كما تحدده كل نظرية، «فالاستعارة بالنسبة لمؤيدي هذه النظرية تتجاوز الاقتصار على كلمة واحدة، وهي تحصل من التفاعل أو التوتر بين بؤرة المجاز، والإطار المحيط بها، وتبين هذه النظرية أن للاستعارة هدفاً جمالياً، وتشخيصياً، وتجسيدياً وتخييلياً، وعاطفياً..»[42]

فمثلاً:

- تهاجم السفن أمواج البحر.

- الهواء يهاجم الأشجار.

فبؤرة الاستعارة في كلمتي «تهاجم» و«يهاجم» فيما بقية الكلمات تمثل الإطار[43]. وبالرغم من كون الاستعارة كما تطرحها هذه النظرية مرتبطة بسياق الاستخدام، خاصة نية الباث؛ فإن بعض الاستعارات تفصح عن استعاريتها في إطار التوتر الحاصل بين البؤرة والإطار، «ويذهب أصحاب النظرية التفاعلية إلى القول بأن الاستعارة لا تنعكس في الاستبدال الذي تحدّث عنه أصحاب النظرية الاستبدالية، ويعود بلاك مرة أخرى لمثال: «انفجر الرئيس خلال المناقشة» ليبين طريقة التحليل التي يمكن أن تُتبع، ويرى أن أولئك الذين تكون عقولهم حرفية وعادية لفهم الأصل، ربما ينظرون إلى المثال بالشكل الآتي: إن المتكلم الذي يستخدم الجملة في اللغة يريد أن يقول شيئاً ما، حول الرئيس وسلوكه في بعض الاجتماعات، وبدلاً من القول بصراحة أو بشكل مباشر: إن الرئيس يتعامل بسرعة وبغير إبطاء، أو أي شيء يتعلق بهذا المفهوم، فإن المتكلم يختار استخدام

كلمة انفجر علماً بأنه يعني شيئاً آخر، والمستمع الذكي يعرف بالحدس ما في ذهن المتكلم. [إحالة إلى: 6].

إن الحديث السابق ينظر للتعبير الاستعاري، ولنسمه (م) كاستبدال لبعض التعبيرات (العادية) ولنسمها (ل) لكي يعبر عن المعنى نفسه الذي استخدم بدلاً منه. وتأسيساً على ذلك فإن معنى (م) في الحديث الاستعاري هو المعنى الحرفي لـ (ل)...»[(44)].

ومفهوم الاستبدال بين كلمة أو معنى وكلمة أخرى ومعنى حرفي تأسس عليه تحدي مفهوم الاستعارة عند الكثير من البلاغيين، ومنهم العرب، كما أن القول – حسب النظرية التفاعلية – بإضافة الاستعارة لمعنى جديد أو ما يسمى بالتغيير الدلالي، فهو أيضاً حاضر عند بعض البلاغيين وكون الاستعارة فيها مشابهة ضمنية في حين التشبيه فيه مشابهة صريحة، ونفس الشيء بالنظرية القائمة على المقارنة، حيث إن (م) مشابهة حرفية لـ(ل) مما يفضي إلى مقارنات أخرى؛ لذا جعل بلاك مفهوم التداخل مفسراً للاستعارة «فعندما نستخدم استعارة ما، فأمامنا فكرتان حول أشياء مختلفة وحركية في آن معاً، وترتكزان على لفظ واحد أو عبارة واحدة، حيث تكون دلالتها نتيجة تداخلهما، ويمكن أن يطبق هذا الكلام على المثال الآتي: «الفقراء هم زنوج أوروبا» انطلاقاً من المبدأ الاستبدالي، نفهم أن شيئاً قد قيل بصورة غير مباشرة عن فقراء أوروبا، ولكن ماذا؟ المفهم بالمقارنة يذهب إلى أن التعبير يمثل مقابلة بين الفقراء والزنوج. وبشكل معارض للرأيين السابقين فقد رأى ريتشاردز أن أفكارنا حول الفقراء الأوروبيين، والزنوج الأمريكيين هي نشيطة

وفاعلة بعضها مع بعض، وكذلك تتفاعل لكي تعطي معنى ناتجاً من هذا التفاعل»[45]، فالربط بين الفكرة الجديدة والحرفية القديمة يتم عبر تفاعل البؤرة «الزنوج» وإطارها.

ويمكن للباحث أن يسقط كل النظريات الثلاث على البلاغة العربية في تحليلها للظواهر على اعتبار عملية الاستبدال أو المقارنة أو التفاعل متحققة، خاصة على مستوى المجاز المبحث الذي تخضع أمثلته وظواهره للتأويل، وقد وقف بعض الدارسين على التشابه بين النظرية التفاعلية والبلاغة العربية، خاصة عند عبد القاهر الجرجاني وتصوره للمجاز والاستعارة تحديداً[46].

وبالرغم من قيام النظرية التفاعلية على نقض النظريتين الاستبدالية والمقارنة، فإنها تعرضت هي الأخرى للنقد والتفنيد، فقد رفض ما ذهب إليه بلاك حول «التضمينات المشتركة للاستعارة»، ويذهب إلى أن الاستعارة لا تقول أكثر من المعنى الحرفي حيث يقول: «إن الاستعارة لا تعني أي شيء وراء معناها الحرفي، ولا يعني مستعمليها أي شيء وراء المعنى العادي، والاستعارة تسير على الطريقة اللغوية المألوفة، كما تعمل الجملة البسيطة»[47] في حين يطرح دونالد ديفسون Donald Davidson في مقاله «ماذا تعني الاستعارات؟» What Metaphors Mean إشكال المعنى المجازي فيها، فهو ينفي أن يكون «للاستعارة معنى آخر زيادة على معناها الحرفي. وقد تضمن الاتهام النقاد الأدبيين أمثال ريتشاردز وإمبسون Empson وونترز Winters، والفلاسفة منذ أرسطو حتى ماكس بلاك، وعلماء النفس منذ فرويد Frued حتى سكنر Skinner،

واللغويين منذ أفلاطون حتى جورج لاكوف، ويوريل فنرتش Uriel Weinreich. ويعتقد ديفيدسون أن الخطأ الذي لا بدّ من استئصاله هو القول إن للاستعارة معنى خاصاً»[48]، مما يؤكد لنا أن بحث موضوع المعنى الحرفي والمجازي في الشعر خاصة يطرح إشكال النظرية المؤطرة للمفاهيم، ثم التأويل الذي تقوم به القراءة البلاغية للمعنى. والملاحظ أن البلاغة العربية وهي تقدم دروساً نظرية، تستقرئ نماذجها أو ما يمثل الشاهد، لتبرهن على صحة فرضياتها، كما أنها تقدم لنا نقداً تطبيقياً، ومقاربات تختبر التنظير على محك التداول والتشريح النقدي، ومن خلال قراءتنا للنماذج الشعرية التي قدمتها البلاغة العربية، يمكن القول إنّ التحليل البلاغي هو سبر لأغوار النص، والبحث عن المعنى ومعنى المعنى. ومن خلال هذا المعنى تبحث عن وظيفة المكون البلاغي في الإفهام والإمتاع؛ لذا كانت أحكام القيمة / الجمالية تصدر بين الفينة والأخرى، ترصع تحليلهم للظاهرة البلاغية من خلال الشاهد، والبحث في الاستعارة على البديع والغرابة واللطف، والأهم في البلاغة هو تحقيق الإبداع وليس الاتباع، وهو ما حذا بهم إلى ترجيح الاستعارة الخاصية على الاستعارة العامية المبتذلة، كما كشفوا أن الاستعارة المبتذلة يمكن تحويرها وتحويلها إلى استعارة فيها إبداع، «وكلما بعدت الاستعارة في التفريع تجريداً كان أو ترشيحاً زاد حسنهما»[49]. وكما قيل: «خير الكلام ما كان لفظه بكراً ومعناه فحلاً»[50].

نستنتج من خلال هذه النماذج التي قدمناها أن الشارحين، خاصة ابن الشاذلي، كانت لهما وقفات تكشف عن المعنى الخفي للشعر، من

خلال رصد انزياح الدلالة، عبر تراكيب أو صور شعرية، سواء تعلق الأمر بالاستعارة أو المجاز عموماً، في الوقت الذي تداخل فيه التشبيه بالاستعارة، باعتبارها تشبيهاً مضمراً في النفس، عند ابن الشاذلي، وهو نفس المفهوم عند البلاغيين القدامى خاصة الخطيب القزويني.

وإذا كانت الاستعارة في البلاغة العربية يتحقق من خلالها تشكيل صورة شعرية فيها الإيجاز والبيان؛ فإنها لا بدّ أن تلعب وظيفة جمالية، كما هو الشأن عند الإفراني في قول ابن سهل:

أَخَذَتْ شَـمْسُ الضُّحَى مِـنْ وَجْنَتَيْهِ

مَشْـرِقاً لِلشّـمْسِ فِيـهِ مَغْـرِبُ

حيث يرى الشارحُ في مطلب البيان أن البيت «فيه الاستعارة بالكناية، على رأي السكاكي في المجاز العقلي، وكذلك المجاز في الظرفية، ولا يخفى ما في البيت من حسن التخييل الذي هو مرقاة لبديع الاستعارات، ولطيف الكنايات»[(51)].

ودراسـة المصطلح النقدي في هذه الشروح يكشف لنا البعد الجمالي لبعض المصطلحات، وإن كان المعول في ذلك الذوق، فقول الشارح: «حسن التخييل» و«بديع الاستعارات» كلام صريح على انطباع وتأثر وتصنيف بمعيار جمالي، ونقف على البعد الجمالي للاستعارة، كما أن الشارح استند في بعض الأحكام المعيارية الجمالية إلى تصور نظري، كما هو الشأن في استشهاده، في سياق آخر، بقول صاحب خزانة الأدب ابن حجة: «والمرشحة أحلى أنواع الاستعارة بإجماع علماء الفن»[(52)].

وبما أن الباحث اعتمد عنوان النفاسة في بحثه، وهي من المصادر التي اعتمدها شرح الرائية لا بأس أن نقف على أنموذج للتناول البلاغي للاستعارة، حيث يتبين لنا من خلاله استحالة الفصل بين الدلالة والمكون البلاغي، فابن زاكور في تناوله لأبيات الصمة بن عبد الله يقف على قوله:

فمـا حسـن أن تأتـيَ الأمرَ طائعـا

وتجـزعَ أن داعي الصبابة أسمعـا

رائياً أن قوله: «««أن داعي الصبابة»»؛ الصبابة نفس الداعي على سبيل الاستعارة، فالإضافة البيانية والإسماع، بالكسر، إبلاغ الصوت للأسماع، بالفتح، وأصوات الصبابة عبارة عن أسواط الكتابة، فالإسماع ترشيح للاستعارة الداعي للصّبابة، وليس المراد من الإسماع مجرد إيصال الصوت إلى الأسماع، وإنما المراد حصول ثمرته من الإجابة والعمل بما يقتضيه، لأن من لم يعمل بمسموعه كمن لم يسمع، ولذلك ينفي عنه السماع، فيقال: لم يسمع؛ أي لم يقبل»[53].

والملاحظ أن ابن زاكور في هذا المثال، الذي اعتمده شارح الرائية، ابتعد عن الإجراء التقليدي للاستعارة، ليغوص في الإيحاءات الدلالية المتولدة عن الاستعارة.

والمتصفح للشروح التي اعتمدها الباحث، خاصة شروح ابن زاكور والإفراني والدلائييْن، يكشف عن وقفات أخرى، تكشف عن الجانب الجمالي للشعر من خلال الاستعارة، أما الجانب الدلالي الذي ذهب الباحث إلى ابتعاد الشراح عنه في تناولهم الاستعارة، فهذا ما لا

يمكن التسليم به؛ لأن النماذج التي نطلع عليها، في أغلب الأحيان، لا تشير إلى الاستعارة بمعزل عن كشف وتحليل الدلالة، وهو ما وقفنا عليه في شرح الرائية، ثم ينبغي أن نفهم أن الإجراء البلاغي للظاهرة البلاغية تشبيهاً كان أو استعارة أو مجازاً أو غير ذلك، هو في حد ذاته كشف وتحليل للدلالة، فحتى في حدود الإشارة إلى الاستعارة محاولة لتحديد دلالة اللفظة أو التركيب في السياق العام، بحيث يقرر الشارح الخروج عن الوضع والاصطلاح، ويكشف عن التجوز أو الانزياح الذي تحقق وتولد عنه معنى جديد.

ونستنتج أيضاً أن وقفات ابن الشاذلي على الظواهر البلاغية، خاصة المجاز، كانت أكثر من وقفات محمد البكري، التي كانت باهتة إلى حد ما، بالرغم من الغنى المجازي الذي تعرفه الصور الشعرية في رائية اليوسي.

4 – المجاز وتأويل الحقيقة:

من أجمل ما قيل شعراً في المجاز قول المعرّي:[54]

لا تُقَيِّـد عَلَـيَّ لَفظـي فَإِنّي   مِثلُ غَيـري تَكَلُّمي بِالمَجازِ

يعتبر المجاز من المباحث الكبرى في البلاغة، والعميقة في البيان، فالمجاز خروج من المواضعة اللغوية إلى مواضعة الإبداع والخلق من جديد، والعدول والانزياح عن المعنى الحرفي، أو كما فهمه العرب التوسّع، وهو ما أشار إليه بيت المعرّي بتقييد الكلام، وإطلاق العنان للألفاظ، ومن الصعب فصل مصطلح المجاز في

البلاغة العربية عن الدراسات القرآنية وعلم الكلام، بل إنّ دراسته خارج هذه المنظومة هو بتر لأهم ما قدّمته البلاغة العربية في هذا المجال، نظراً لكون الصراع الإيديولوجي بين المتكلمين كانت حلبته الأساس المجاز، فالفِرق والنِّحل وجدت فيه ملاذاً وضالة للفهم المغاير وللتأويل، وبناء صرح معرفي منسجم يتفادى التناقض، بحيث إن الآيات القرآنية المتشابهة ظلت مَحطّ خلاف بين المتكلمين، في إثبات مفاهيم عقدية. فالإيمان بالله وبصافته يقتضي تأويلَ مجاله، بالأساس المجاز، فالاستواء واليد والعين والوجه... وما إلى ذلك ممّا ارتبط في القرآن بالذات الإلهية وجب تأويله مجازياً، عند المتكلمين، من المعتزلة والأشاعرة والجهمية والقدرية وغيرهم من المذاهب الإسلامية والفرق الكلامية.

وكان من الطبيعي أن يدخل البلاغيون المجاز من باب الحقيقة، ومن العلاقة بينهما، ومحاولة ترتيبهما في اللغة بين الوضع العام والوضع الخاص، وأولوية الحقيقة كأصل في اللغة، والمجاز الذي اعتبر عدولاً عنها. وقد فطن البلاغيون إلى أن طروحاتهم لا يقع عليها إجماع، وليست مسلمات، فالاختلاف قائم بينهم حول هذه المسائل، وقد عبر بعضهم «التفطن إلى العلاقة بين الحقيقة والمجاز علاقة معقدة لا تسير دائماً في اتجاه واحد، فكما أن المجاز يتولد عن الحقيقة تتولد الحقيقة عن المجاز أو «أن المجاز إذا كثر لحق بالحقيقة» حسب عبارة ابن جني في باب من أبواب «الخصائص»»[55]. فخاض البلاغيون في المجاز مقابلاً للحقيقة، ويمكن اعتبار أبا عثمان الجاحظ أول من صنف في البيان العربي، ونظر للمجاز كمقابل للحقيقة، في كتابيه

(الحيوان) و(البيان والتبيين) «استعمال اللفظ فيما وضع له أصلاً»[56] أو هو «استعمال اللفظ في غير ما وضع له لعلاقة مع قرينة مانعة من إرادة المعنى الحقيقي» وحدده كاستعمال للغة / الألفاظ خارج المواضعة، على سبيل التوسع، «ثقة من القائل بفهم السامع».

وقد وجد البلاغيون في القرآن مجالاً واسعاً لدراسة المجاز، بل لتطبيقه وقراءة النص القرآني في ضوئه، ونلج مع الجاحظ باباً «آخر في المجاز والتشبيه بالأكل، وهو قول الله عزّ وجلّ: {إن الذين يأكلون أموال اليتامى ظلماً}، وقوله عز اسمه: {أكّالون للسحت}، وقد يقال لهم ذلك وإن شربوا بتلك الأموال الأنبذة ولبسوا الحلل، وركبوا الدواب، ولم ينفقوا منها درهماً واحداً في سبيل الأكل، وقد قال الله عز من قائل: {إنما يأكلون في بطونهم نارا} (النساء: 10)، وهذا مجاز آخر. وقال الله تعالى: {إن الله مبتليكم بنهرٍ فمن شرب منه فليس مني ومن لم يَطعمه فإنه مني} (سورة البقرة: 249) يريد: لم يذق طعمه»[57].

كما كانت إضافات واضحة لابن قتيبة – تلميذ الجاحظ – في كتابه (تأويل مشكل القرآن)، حيث حدد مجال المجاز تحديداً مصطلحياً من خلال موضوعات المجاز، ووسع من موضوعه، حيث شمل العديد من المفاهيم التي لم تعد فيما بعد منه، حيث يقول: «وللعرب المجازات في الكلام، ومعناها طرق القول ومآخذه، ففيها الاستعارة، والتمثيل، والقلب، والتقديم، والتأخير، والحذف، والتكرار، والإخفاء والإظهار، والتعريض والإفصاح، والكناية والإيضاح، ومخاطبة الواحد مخاطبة الجمع، والجمع خطاب الواحد، والواحد والجميع

خطاب الاثنين، والقصد بلفظ الخصوص لمعنى العموم، وبلفظ العموم لمعنى الخصوص»[58]، ويقف على آيات من القرآن الكريم ليكشف عن مجازات وردت فيه، محاولاً تدقيق معاني الألفاظ وتحليل تركيبها في سياق يخرجها من المواضعة اللغوية المعجمية، ولولا هذا التدقيق اللغوي المعجمي لما استطاع القارئ المحلّل معرفة التوسع والعدو، ففي قوله تعالى: {يوم يُكشف عن ساقٍ}، يرى ابن قتيبة في «عن ساق» «أي عن شدة من الأمر، وأصل هذا أن الرجل إذا وقع في أمر عظيم يحتاج إلى معاناته والجدّ فيه، شمّر عن ساقه، فاستعيرت الساق في موضع الشدة»[59]. و«قول الله عز وجل: {ولا يُظلمون فتيلا} {ولا يُظلمون نقيرا}، والفتيل: ما يكون في شق النواة، والنقير: النقرة في ظهرها. ولم يرد أنهم لا يظلمون ذلك بعينه، وإنما أراد إذا حوسبوا لم يظلموا في الحساب شيئاً ولا مقدار هذين التافهين الحقيرين»[60].

وعرّف ابن جني (ت 392 هـ) المجاز مقابل الحقيقة باعتبارها «ما أُقرّ في الاستعمال على أصل وضعه في اللغة، والمجاز ما كان بضدّ ذلك، وإنما يقع المجاز ويعدل إليه عن الحقيقة لمعانٍ ثلاثة وهي: الاتساع والتوكيد والتشبيه، فإن عدم هذه الأوصاف كانت الحقيقة البتّة»[61].

ويذهب عبد القاهر الجرجاني في «الأسرار» إلى أن حدّ المجاز كمقابل للحقيقة التي تلزم المواضعة، خروجه عن المواضعة، فهو «كلّ كلمة أريد بها غيرُ ما وقعت له في وضع واضعها، لملاحظة بين الثاني والأول، فهي مجاز = وإن شئت قلت: «كل كلمة جزْت بها ما وقعتْ له في وضع الواضع إلى ما لم توضع له، من غير أن

تستأنف فيها وضعاً، لملاحظة بين ما تجوّز بها إليه، وبين أصلها الذي وُضعت له في وضع واضعها، فهي مجاز»[62].

ويلاحظ أن إجـراء المجاز أو الحقيقة، تتحكّم فيه القراءة، باعتبارها علاقة بين القارئ والنصّ، دون تحقّق فصل الذات العارفة عن موضوع المعرفة. فالسيوطي – مثلاً – يرى أن «(الرحمن) صيغة مبالغة من الرحمة، وأصلها رقة القلب واستعمالها في الباري تعالى بمعنى إرادة الخير مجاز، لاستحالة الحقيقة عليه تعالى..»[63]، وهو ما يجعل النصّ قابلاً للتأويل البلاغي، بحسب علاقته بمعتقد القارئ، وهي خاصية النصّ الديني، في الهرمونيطيقا. والبلاغة لم تكن منعزلة عن الخلفية الأيديولوجية، فمنها تنظر – بشكل خفي – إلى النصوص، والحقيقة والمجاز في البلاغة العربية مردّ الاختلاف حولهما، خاصة في النصّ الديني، إلى هذه الخلفية. والتي ترقى عند المتكلمين إلى نسق إبستمولوجي يؤطّر تأويليها، لكنّ بالنسبة إلى الإبداع والشعر خاصة، فإنّ ما تقرّر نظرياً يؤطّر التأويل، بين المعنى المجازي والمعنى الحقيقي، لكنّ حريّة التأويل تكون أرْحب كلّما ابتعدت عن المقدّس.

وتوسّع البلاغيون بعد عبد القاهر في تفصيل معنى المجاز، كما هو الشأن بالنسبة للسكاكي، حيث يرى أن المجاز يقتضي تأويل الحقيقة بقرينة، وقسّمه «علماء هذا الفن قسمين: لغوي.. ويسمى مجازاً في المفرد؛ وعقلي.. ويسمى مجازاً في الجملة»[64]، وتوضيحاً لهذا التقسيم الذي اعتمده السكاكي نبينه كما ورد:

«1 – أقسام المجاز:

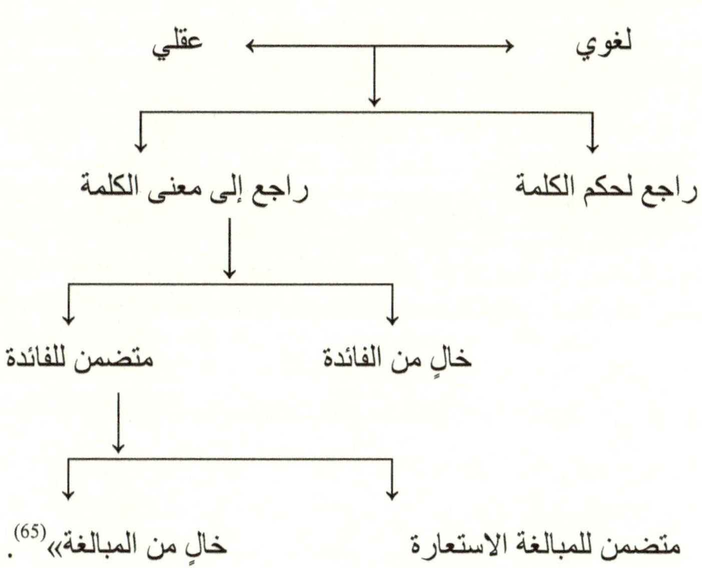

هوامش الفصل الرابع:

1 – الجاحظ: الحيوان، مرجع سابق، ج5/ص25.

2 – ابن الأثير: المثل السائر في أدب الكاتب والشاعر، مرجع سابق، ص 85.

3 – عبد القاهر الجرجاني: أسرار البلاغة، مرجع سابق، ص 366.

4 – عبد الوهاب المسيري: اللغة والمجاز، بين التوحيد ووحدة الوجود، دار الشروق، الطبعة الأولى، 2002، ص13.

5 – نفسه: ص 210

6 – ورويت: بائس عوض يائس، كما أشار الشاطبي في الموافقات: 5 / 216.

7 – الشاطبي: الموافقات، مرجع سابق، ج 5 / ص 210 إلى 218.

8 – صلاح فضل: بلاغة الخطاب وعلم النص: سلسلة عالم المعرفة ع 164 – ط 1413هـ، 1992م.

9 – عبد السلام المسدي: الأسلوب والأسلوبية، دار الكتاب الجديد، ط الثالثة، 2006، ص 122.

10 – ابن الأثير: المثل السائر في أدب الكاتب والشاعر، مرجع سابق، ص 89.

11 – السكاكي: مفتاح العلوم، مرجع سابق، ص 307.

12 – نفسه: ص 360.

13 – ابن حجة الحموي: خزانة الأدب وغاية الأرب، دراسة وتحقيق: د. كوكب زياد، دار صادر، بيروت، ط 2، 2005، ج2 ص 440.

14 – محمد الإفراني الإشبيلي: المسلك السهل في شرح توشيح ابن سهل، مرجع سابق، ص 296.

15 – السجلماسي: المنزع البديع، مرجع سابق، ص 218.

16 – عبد القاهر الجرجاني: أسرار البلاغة، مرجع سابق، ص 41.

17 – الرازي فخر الدين: نهاية الإيجاز في دراية الإعجاز، مرجع سابق، ص 245.

18 – بدوي طبانة: علم البيان دراسة تاريخية فنية في أصول البلاغة العربية، دار الثقافة، بيروت. ط1، 1981، ص 16.

19 – المبرد: الكامل في اللغة والأدب، مرجع سابق، ج 2 / ص 996.

20 – البكري والشاذلي: شرح رائية اليوسي، تحقيق: د. يوسف الفهري، قيد الطبع، البيت 17. ص 163.

21 – البكري والشاذلي: شرح رائية اليوسي، مرجع سابق، البيت 17. ص 165.

22 – نفسه: البيت الرابع: ص 51. – انظر ديوانه ص 336.

23 – نفسه: البيت 29. 285.

24 – نفسه: البيت 35. ص 316.

25 – نفسه: البيت 38. ص 336.

26 – نفسه: 336.

27 – نفسه: 338

28 – نفسه: 337.

29 – التبيان في البيان: ص 151.

30 – الآمدي: الموازنة بين أبي تمام والبحتري، مرجع سابق، ص 202.

31 – حازم القرطاجني: منهاج البلغاء وسراج الأدباء، مرجع سابق، ص 114.

32 – نفسه: ص 112.

33 – السكاكي: مفتاح العلوم، مرجع سابق، ص 361. 362.

34 – صدر الدين بن معصوم المدني: أنوار الربيع في أنواع البديع، تحقيق: شاكر هادي شكر. مطبعة النعمان، النجف، 1968، ج1 ص243.

35 – القاضي الجرجاني، الوساطة بين المتنبي وخصومه، مرجع سابق، ص 55 – ص 75.

36 – عبد القاهر الجرجاني: أسرار البلاغة، مرجع سابق، ص 22.

37 – ابن الأثير: المثل السائر في أدب الكاتب والشاعر، مرجع سابق، ص 142.

38 – السكاكي: مفتاح العلوم، مرجع سابق، ص 198.

39 – القزويني: الإيضاح، تحقيق: محمد عبد المنعم خفاجي الناشر، دار الجيل، بيروت، الطبعة الثالثة، ص 194.

40 – الشريف الرضي: تلخيص البيان في مجاز القرآن، منشورات عالم الكتب للطباعة والنشر، 1986، ص 149.

41 – يوسف أبو العدوس: الاستعارة في النقد الحديث، مرجع سابق. ص129.

42 – نفسه : ص 131.

43 – نفسه : ص 132.

44 – نفسه: ص 135.

45 – نفسه: ص 139.

46 – نفسه: من ص 152 إلى 157.

47 – يحيل صاحب الاستعارة في النقد ص 158 إلى:

Davidson Donald What Metaphors mean in sheldon Sacks (ed) on Metaphor, chicago and London, The Univ of chikago Press 1978, P 30, 41.

48 – الاستعارة في النقد الأدبي: ص 158، إحالة إلى:

Davidson Donald What Metaphors mean in sheldon Sacks (ed) on Metaphor, chicago and London, The Univ of chikago Press 1978,

49 – صدر الدين بن معصوم المدني: أنوار الربيع في أنواع البديع، مرجع سابق، ج1 ص257.

50 – الراغب الأصفهاني: محاضرات الأدباء ومحاورات الشعراء والبلغاء، مرجع سابق، ص 28.

51 – محمد الإفراني الإشبيلي: المسلك السهل في شرح توشيح ابن سهل، مرجع سابق، ص 370. انظر أنموذجاً آخر في ص: 276.

52 – نفسه: ص 322.

53 – البكري والشاذلي: شرح رائية اليوسي، مرجع سابق، البيتين 25. 26. ص 261.

54 – المعري: اللزوميات 2 / 10.

55 – التفكير البلاغي: ص 425. يحيل الباحث على: المغني: 2 / 447.

56 – الجاحظ: الحيوان، مرجع سابق، ج5 ص27.

57 – نفسه: ج5 ص25.

58 – ابن قتيبة: تأويل مشكل القرآن، مرجع سابق، ص 20.

59 – نفسه: ص 137.

60 – نفسه: 138.

61 – ابن جني: الخصائص، تحقيق: محمد علي النجار، دار الهدى للطباعة والنشر، بيروت، لبنان، الطبعة الثانية، 1978، ج2 ص442.

62 – عبد القاهر الجرجاني: أسرار البلاغة، مرجع سابق، ص 225.

63 – جلال الدين السيوطي: شرح عقود الجمان في المعاني والبيان، تحقيق: د. إبراهيم محمد الحمداني، د. أمين لقمان الحبّار. دار الكتب العلمية. بيروت، الطبعة الأولى، 2011، ص 42.

64 – السكاكي: مفتاح العلوم، مرجع سابق، ص 362.

65 – نفسه: ص 363.

الفصل الخامس:

المعنى في المقربات البلاغية التراثية

1 - البلاغة/المجاز والمعنى:

ليس هناك تحديد للبلاغة يبعدها عن المعنى، والبحث عن الطرق المختلفة لإيراده. والشعر في الدراسات النقدية بحث فيه، خاصة أن المعنى المجازي الخفي، أو الذي لا يصل إليه القارئ إلا بعد تأويل، وهو غير متاح للجميع، وإلا لمَا كانت أهميةً للتحليل، ما دامت القصيدة أو بيت منها يقدّم معناه من خلال مبناه طواعية لكل قارئ، أو بالأحرى تتساوى القراءات، ونفتتح في هذا السياق بأنموذج «نيل الأماني في شرح التهاني لليوسي»، الذي استبعد المستوى البلاغي، ولم يكن مقصده، فهو يصرح بأنه لم يتكلم «على ما في هذا [البيت] وغيره من أنواع البلاغة للاختصار». وأشار اليوسي إلى أن شرحه جاء ليبين[1] «لحُفّاظها ما عسى أن يشكُل من ألفاظها»[2]. فاختار المبدع / الشارح أولاً: الألفاظ / المعجم، ليقدم المعنى. وسنرى أن المعنى لا يمكن أن يتحقق فقط على مستوى البنية السطحية التي يتحكم فيها المعجم، دون البنية العميقة الدلالية، التي تتحكم فيها البلاغة، بالرغم من أن اليوسي استبعد البلاغة للاختصار، فإنها ستُفرض عليه من مستويين: الأول دلالي، والثاني جمالي؛ أي الإفهام (ويمكن أن يكون الإقناع) والإمتاع وكذا اللذة، التي جعل منها بعض البلاغيين مرتكز

نظريتهم. فمحمد الجرجاني[3]، يرجح «دلالة الالتزام؛ لتلذذ النفس بها بسبب تصرفه فيها، وهي موضوع علم البيان» ويضع تعريف السكّاكي، صاحب المفتاح، في موضع التنبيه والوهم عندما عرف البيان بأنه: «إيراد المعنى الواحد بطرق مختلفة في وضوح الدلالة عليه...»[4] فيصوّب هذا التعريف بكون «علم البيان لا يبحث في الدلالة العقلية من حيث الوضوح وعدمه؛ بل من حيث التذاذ النفس بها؛ لكونها متصرفة فيها، ولها مدخل منها، ألا ترى أن قولك: «زيد بحر العلوم، ليس مثل قولك: كثير العلوم؛ وإنه كثير الرماد، ليس مثل كثير الضيافة، في التذاذ النفس وقَبول الطبع»، وهو موضوع جدير بالدراسة لارتباطه بنظرية التلقي، وبمفهوم لذة النص في النقد الحديث، خاصة مع رولان بارت، في كتابه «لذة النص» Le plaisir du texte ويمكن تقريب المفهوم عند بارت من خلال ربطه بين النص واللذة والجسد، فيعتبر النص «كشفاً مفتوحاً يحتوي ومضات الحديث (تلك الومضات الحيوية، تلك الأنوار المتقطعة، وتلك الملامح/ المنساحة والمنضدة في النص كالبذور، والتي تعوضنا مع الريح من البذور الخالدة Semina Aeternitalis والزوبرا Zopra والمفهومات الشائعة للفلسفة القديمة وافتراضاتها الأساسية)»[5] ويشير بارت في سياق آخر إلى مفهوم النص باعتباره نسيجاً يتوالد من خلال التشابك المستمر، ويشبه هذا النسج بنسج العنكبوت، ليعرف «نظرية النص بأنها نسيج الخطاب hypos هو النسيج والحجاب وبيت العنكبوت)، وعلى أن نظرية النص عمدت خصيصاً إلى تحديد المعنى (في المعنى الذي أعطته جوليا كريستفا Julia Kristiva لهذه الكلمة) باعتبارها موضوعاً للمتعة، وعلى أنها أكدت القيمة الإيروسية والنقدية في آن

معاً للممارسة النصية، فإن اقتراحاتها غالباً منسية منبوذة ومكتومة. وعلى ذلك: فهل يمكن أن نتصور المادية الجذرية التي تسعى لها هذه النظرية دون فكر اللذة والمتعة؟».

والانتقال من المعجم إلى التركيب ثم البلاغة هو انتقال من المعنى الحرفي إلى المعاني والدلالات التي تتفاعل مع فعل القراءة، خاصة عندما نواجه انزياحاً مفترضاً. وكما أشار بعض النقاد المحدثين إلى أننا نعيش بالاستعارة، فالمجاز يسطو على الخطاب المتعالي، خاصة، وحتى الخطاب العامي لا يخلو من المجاز، لأنه جزء مهم من الخطاب، والتعبير بالمجاز لا يكون دائماً بديلاً عن الحقيقة، بل إننا لا نريد المعنى إلا من خلال المجاز.

ويمكن القول إنّ المقاربات التراثية للقصائد، وهي تبحث عن المعنى في بعده الدلالي والجمالي، حللت كل بيت على حدة، وهو ما انتقده البعض، واعتُبر خاصية النقد العربي القديم التي ينبغي تجاوزها، في حين يصحح الباحث محمد مفتاح هذا التمثل، فعند تناوله قصيدة أبي البقاء الرندي، بالتحليل آخذاً كل بيت على حدة، «ظهر لبعض القراء أن مثل هذا التناول جزئي بيتي يشبه - إلى حد كبير - دراسة القدامى من النقاد والبلاغيين العرب، ولو اطلع هذا المعترض على دراسات محدثة مثل «التداولية» و«الاحتجاج» لعدّ ذلك مزيّة لهم»[6]، وهي خاصية منهجية للتعامل مع القصيدة، ونأخذ «المسلك السهل في توشيح ابن سهل» للإفراني كأنموذج للمقاربة البلاغية، التي كانت عبارة عن مستوى من مستويات التحليل، والتي أشرنا إليها، وشكل المعنى بحثاً في جميع مطالب ومستويات المقاربة،

إلا أن البحث عنه بلاغياً، يختلف عنه نحوياً وتركيبياً، ونقدم بعض النماذج بدءاً من افتتاحية القصيدة التي يقول فيها ابن سهل الإشبيلي:

هَـل دَرى ظَبيُ الحِمــى أَن قَد حَمى
قَلـبَ صَـبٍّ حَلَّـهُ عَـن مَكنَـسِ

يقول محمد الإفراني: «ظبي الحمى، هو من باب الاستعارة التصريحية، وضابطها عند السكاكي أن يكون الطرف المذكور من طرفي التشبيه هو المشبه به «فاستعار الظبي للمحبوب بجامع الجمال الذاتي، والحسن الخُلقي، فحذف المشبه وأثبت لفظ المستعار تشبيها بليغاً، ورشح بذكر الكِناس، والترشيح أن يذكر ما يلائم المستعار منه، والقرينة لهذه الاستعارة قوله: هل درى؟ كما لا يخفى، والتعبير عمّا يجده الواله في روعه من الوجد بالحمية مجازٌ في المسند، ولكونه مجازاً عقلياً اغتنى عن التصريح معه بقرينة، وكذلك التعبير عن انتقاشه في مرآة العقل، وتخييل الذهن لصورته، وارتسامه فيه، بالحلول مجاز كالسالف، ونسبة الحماية له مجاز أيضاً، إلّا إن حمل على أنه السبب فيها حقيقة، وهذه الألفاظ صارت عند الشعراء حقائق عرفية، وإن كانت في الأصل مجازاً. قال الصلاح الصفدي: لكثرة دورانها في كلامهم وتعاطيهم استعمالَها، فألفوا ذلك من تداولها على مسامعهم، كالورد إذا أطلقوه، فهموا منه الوجنة، والكثيب الردف، والريحان العذار، والراح الريق، إلى غير ذلك. والشعر إنما يستطاب بهذه اللطائف، ويستطرف لأمثال هذه المجازات، فلولا أنه جعل سكنى الحبيب في خاطره، وأن قلبه ممتلئ ناراً وهو ساكنه، ما هزّ للبراعة عِطفاً، ولا هصرَ من غصن البلاغة قطفاً، وعلى قدر التفاوت

في التخييلات تتفاوت رتب الكلام، وقد بالغ الشعراءُ في احتراق الجوانح والتهابها، حتى إن أنفاسه تُحرق ما سامتها، وما أحسن قول ابن إسرائيل في مليح بوجهه كيٌّ:

لا تحسبوا الكيّ على زنده
أثّرَها النارُ بقِرطاسهِ

وإنما قبّلها عاشق
فاحترقت من حرِّ أنفاسه...»(7)

يقدم لنا هذا الأنموذج من التحليل البياني للبيت، المقاربة البلاغية المعتمدة على ما سلف من تحديد المستوى اللغوي، ثم المستوى الدلالي (المعنى) ليصل إلى المستوى البلاغي. ويتعامل معه في ضوء ثلاثية السكاكي: البيان، المعاني، البديع، لكن الظواهر البلاغية لا تأتي من خارج النص، بل إن النص هو الذي يثيرها، ويكشف تحليله البلاغي في هذا البيت التأطير المنهجي للبلاغة في مبحثها البياني، وإن البحث عمّا بعد المعنى النحوي، والحرفي الذي حدده سلفاً في مستويات التحليل السابقة، إلا أن الجامع بين المشبه (المستعار) والمشبه به (المستعار منه) لا يمكن الاهتداء إليه إلا في ضوء المعنى البلاغي، والتأويل: فالظبي والمحبوب يجمع بينهما «الجمال الذاتي، والحسن الخُلقي»، وهي القراءة الممكنة التي إن قدمناها لمجموعة من القراء لما اهتدوا إليها جميعاً؛ مما يؤكد أن البلاغة قراءة عميقة للمعنى، فالجمال ثابت في الطبي، كتمثل ثقافي تاريخي عند الإنسان، فهو المعادل الطبيعي للجمال، لكن أن نثبت الجمال الخُلقي فهو تأويل للمعنى.

وبخصوص المجاز: فإن قراءته متعددة بتعدد الصور الشعرية كوحدات انزياحية، والتحليل البلاغي يكشف عن غنى البيت الشعري من حيث المعاني المتدفقة بتوظيف البلاغة كأداة إجرائية للقراءة والتأويل، وهو ما نستشفه من خلال قراءة الإفراني المحددة للانزياح في صور متعددة، نجملها في ما يلي:

أ – الظبي = المحبوب.

ب – ما يجده الواله في روعه من الوجد بالحمية.

ج – التعبير عن انتقاشه في مرآة العقل، وتخييل الذهن لصورته، وارتسامه فيه، بالحلول.

د – ونسبة الحماية له مجاز أيضاً.

*** بين المعنى الحقيقي والمعنى المجازي؟**

يثير الإفراني إشكالية الحقيقة والمجاز، على مستوى المعاني المشكلة للصور الانزياحية، حيث يعلق بقوله: «إلاّ إنْ حُمل على أنه السبب فيها حقيقة» وهو ما أثاره النقاد البلاغيون، عندما حاولوا مواجهة النص، وأصبح مجهر القراءة البلاغية لا يقدم نفس النتائج، فالتواصل بين الناس يعتمد أساساً على فكِّ الشفرة بينَ المتكلم والمخاطب، انطلاقاً من المعنى الحرفي للكلام / الخطاب، لكن العدول والانزياح هو مستوى من مستويات أخرى لفك الشفرة، وهنا تطرح حدود الحقيقة والمجاز، فأنْ يفهم المتلقي خطاباً / كلاماً على أساس معناه الحرفي، دون الذهاب إلى المعنى المجازي، مسألة

ممكنة بمستويات متعددة، أن ننفي العدول رأساً بوعي ورفض لأي تأويل مجازي، أو ألا ينتبه المتلقي إلى مقصدية المتكلم ويحمل الكلام محمل الحرفيّ، فيضيع التواصل، ويحصل سوء الفهم، الذي شكل موضوع البلاغة الجديدة. والسؤال الديداكتيكي والمنهجي، كيف نهتدي إلى المعنى الاستعاري المجازي؟ هل هناك معيار مجازي؟ هل هناك حدس يقود البعض إلى المعنى؟ هل اللغة وحدها قادرة على فك الشفرة الاستعارية؟

وكان النقاد/الشراح على وعي بالسياق، باعتباره من أهم المرتكزات التي استندت إليها البلاغة للكشف عن المعنى، ولا يتم الوصول إلى المعنى في غياب السياق / والمقام، وظلّ المعنى من الإشكالات العويصة التي واجهت البلاغة، خاصة بالنسبة للمجاز والاستعارة، دون أن تكون المباحث الأخرى بمنأى عن هذا المنزلق، بل اعتبر بعضهم أن على البلاغة أن يكون موضوعُها «سوء الفهم» ويشكل الفهم العتبة الأساس في التحليل، بل في التواصل، وربما المعركة البلاغية والتواصلية بصفة عامة مرتبطة بالفهم والإفهام، كما أن البلاغة المرتبطة بالحجاج جعلت من هذه العتبة مفتاحاً ومدخلاً لأي تحليل. وهنا يمكن أن تطرح إشكالية القراءة في علاقتها بالبنية السطحية، التي على المستوى البلاغي كأنها مضللة للوصول إلى البنية العميقة، أو بين الظاهر والخفي. وهنا تطرح أيضاً مستويات القراءة التحليلية، بدءاً من الفهم إلى التأويل؛ على اعتبار أن «المفسر: ما زاد وضوحاً على النص على وجه لا يبقى فيه احتمال التخصيص إن كان عاماً، والتأويل إن كان خاصاً، وفيه إشارة إلى

أن النص يحتملها كالظاهر، نحو قوله تعالى: {فسجد الملائكة كلهم أجمعون} فإن الملائكة اسم عام يحتمل التخصيص، كما في قوله تعالى: {وإذ قالت الملائكة: يا مريم..} والمراد جبريل، فبقوله: {كلهم} انقطع احتمال التخصيص، لكنه يحتمل التأويل والحمل على التفوق، فبقولـه: {أجمعون}؛ انقطع ذلك الاحتمال فصار مفسراً»[8]، ويذهب ابن الجوزي إلى أن التفسير «إخراج الشيء من معلوم الخفاء إلى مقام التجلي. والتأويل؛ نقل الكلام عن موضعه إلى ما يحتاج في إثباته إلى دليل لولاه ما ترك ظاهر اللفظ»[9]. فثنائية الخفاء والتجلي في الخطاب هي ما يجعل عملية تفكيك الشفرات من أهم العمليات التواصلية، إلا أن التفسير يكون أيضاً داخل الخطاب نفسه كوجه بلاغي أو تواصلي صرف، وكأنه يلعب دور المتكلم، وبهذا فالتفسير داخل الخطاب «أن يستوفي المتكلم شرح ما ابتدأ به مجملاً، وذلك لوقوع العبارة في هذا النوع غير مستقلة الدلالة لإبهام في الجزء الأول، وهو المفسَّر إما بالعرض، وإما بالقصد لغرض الجمع في القول بين دلالتي الإجمال والتفصيل.. والتفسير ليس يقع أبداً إلا جواب سؤال، إما بالقوة وإما بالفعل»[10]. وإشارة السجلماسي إلى حضور السؤال الصريح / الموجود بالفعل أو الضمني/الموجود بالقوة، يحيلنا على شارل مايير دون فهم وجود بوادر جنينية لنظرية مايير.

2 - المعنى ومقتضى الحال / السياق:

ومن بين أهم المفاهيم المحددة لاشتغال البلاغة «مقتضى الحال» الذي كان مفتاحاً لفهم الخطاب، وهو منطلق لقياس المطابقة

والتناسب، واعتبره البعض ما قصده عبد القاهر الجرجاني من النظم، فـ «تطبيق الكلام على مقتضى الحال» هو الذي يسميه الشيخ عبد القاهر بالنظم، حيث يقول: «النظم تأخي معاني النحو فيما بين الكلم على حسب الأغراض التي يصاغ لها الكلام». ومقتضى الحال الذي «هو الاعتبار المناسب» في البلاغة العربية، أعطى للبلاغة بعدها التداولي، بتركيزه على المقامات، بغض النظر عن الخلفيات الأيديولوجية لهذا الأساس، سواء منه السياسي أو الديني، والسمة الأساس التي لمقتضى الحال، كونه يتأسس على معرفة الاختلاف في المقامات، والتمييز بينها من أهم الغايات البلاغية، والتي تمكن قارئ الخطاب ومحلله سبر أغواره، والكشف عن مكنونه، كما أن «مقامات الكلام متفاوتة، فمقام التنكير يباين مقام التعريف، ومقام الإطلاق يباين مقام التقييد، ومقام التقديم يباين مقام التأخير، ومقام الذكر يباين مقام الحذف، ومقام القصر يباين مقام خلافه، ومقام الفصل يباين مقام الوصل، ومقام الإيجاز يباين مقام الإطناب والمساواة، وكذا خطاب الذكي يباين خطاب الغبي.

وكذا لكل كلمة مع صاحبتها مقام، إلى غير ذلك... وارتفاع شأن الكلام في الحسن والقبول بمطابقته للاعتبار المناسب، وانحطاطه بعدم مطابقته له»[(11)]؛ إذاً البلاغة مرتبطة بالمقام وهو المحدد لسلم البلاغة حسناً وقبحاً، علواً وانحطاطاً.

ويتبين من خلال التحليل البلاغي للنصوص ومنها النصوص الشعرية، أن المجاز تأويل، وهو ما تؤكده الدراسات الحديثة، وهناك إشارات متعددة إلى هذا في كتاب نظرية التأويل وفائض المعنى

لبول ريكور، كما أن قضية المجاز كما طرحت عند دارسي الإعجاز القرآني، ومنهم المتكلمون، تبين أن المجاز تأويل، وإلا لَمَا نفاه البعض عن القرآن، ومن أشهرهم: أبو إسحاق الإسفراييني وأبو علي الفارسي والظاهرية، ولما اختلف بين القائلين بالمجاز حول حقيقة الكلام ومجازيته، بل إن عبد القاهر الجرجاني يذهب أبعد من هذا، فيربط المجاز بمعتقد المتكلم، فنفس الجملة يمكن حملها على الحقيقة كما يمكن حملها على المجاز، «فإذا سمعنا نحو قوله:

أَشَابَ الصّغيرَ وَأَفْنَى الْكَبيرَ
كَرُّ الليالي ومَرُّ العِشي

وقول ذي الأصبع:

أَهْلَكَنَا اللّيْلُ وَالنّهارُ مَعا
وَالدّهْرُ يَعْدُو مُصَمّما جذَعَا

كان طريق الحكم عليه بالمجاز أن تعلم اعتقادهم التوحيد إما بمعرفة أحوالهم أو بأن تجد في كلامهم من بعد إطلاق هذا النحو ما يكشف عن قصد المجاز فيه»[12]. فالمجاز مرتبط بمعتقد المتكلم، والأبيات ما هي بالنسبة للجرجاني إلا إضاءة لقوله تعالى: {وما يهلكنا إلا الدهر} على لسان الدهريين / الكفار، وعلى هذا الأساس يعتبر الجرجاني أن قولهم هو على سبيل الحقيقة وليس المجاز، فإثبات الفعل لغير القادر/ الله، وإثباته للدهر، هو على سبيل الحقيقة.

وشكّل المعنى بالنسبة للمجاز نقطة خلاف بين نظريات متعددة، وقد أقام ماكس بلاك مرتكز نظريته على المعنى، فالاستعارة أولاً

تقوم على التوتر والتفاعل بين بؤرة المجاز والإطار المحيط بها، وثانياً إن المعنى الحرفي الأول ليس هو عند التحول إلى الاستعمال الاستعاري، وثالثاً إن المعنى الاستعاري يتجاوز المعنى المعياري إذا تحقق فيها الإبداع والخلق والحياة؛ وبذلك فهي تخلق معنى جديداً، وهو ما وقفنا عليه في قراءة الشراح إلى بعض الأبيات الشعرية التي تلتبس فيها الحقيقة بالمجاز، وتبقى مسألة القراءة والتأويل حاسمة في الإجراء المجازي أو إجراء الحقيقة، ونضرب مثالاً تناولناه في هذه الدراسة، قراءة ابن الشاذلي والبكري لقول الحسن اليوسي:

أَصَابَتْهُمُ عَيْنُ الْكَمَالِ فَغَادَرَتْ
أَكُفَّهُمُ مِنْ كُلِّ مَا جَمَعَتْ صِفْرَا

يرى ابن الشاذلي أن الشاعرَ «أراد بما جمعت أكفُّهم؛ ما تأتّى لهم من أسباب الألفة واجتماع الشمل، إذ سياق الكلام في ذلك، ونسب جمعها إلى الكف، وهي أمور معقولة غير محسوسة، على سبيل المجاز؛ لأن أغلب ما يحصل في المحسوسات يكون باليد»(13).

إنّ التحليل البلاغي لهذه الصورة الشعرية يسير في اتجاه كونها حققت انزياحاً، في حين يذهب محمد البكري إلى قراءة أخرى، رائياً أن الشاعر «يحتمل أن يريد أنهم خرجوا من غير اختيار، فتركوا ديارهم وأموالهم وبضائعهم، وهو الواقع، ويكون حقيقة لا مجازاً، والأصل الحقيقة»(14).

ومردّ هذا الاختلاف إلى تعدّد القراءات الممكنة للخطاب الشعري، فالفهم يتحدّد انطلاقاً من تأويل المرجع، في حين أن «الحقيقة ترجع

إلى إثبات الكلمة في موضعها، وأن المجاز يرجع إلى إخراج الكلمة عن موضعها، حقها أنْ لا تسمى حقيقة ولا مجازاً، كالجسم حال الحدوث لا يسمى ساكناً ولا متحركاً»[15]. وعليه فإن تعدد القراءات الممكنة للنص والنص الشعري خاصة، تطرح إشكالاً على المستوى البلاغي، فالقراءتان كل منهما ممكنة، حسب التفسير والتأويل، والأهم هو فحص الانسجام الداخلي الاستدلالي والمنطقي للقراءة، وفق الأدوات الإجرائية، وإخضاعها للسياق وإنتاج المعنى.

ومن النماذج التي يتداخل المجاز بالحقيقة، وتبقى القراءة البلاغية مشرّعة عليهما ما وقف عنده الإفراني في قول ابن سهل:

غالبٌ لي، غالبٌ بالتؤَدة

بأبي أفديه من جافٍ رفيقْ

حيث يرى أن البيت «فيه الاستعارة بالكناية على رأي السكاكي في إنكار المجاز العقلي، وخلاصة مذهبه أن تشبه الفاعل المجازيّ بالفاعل الحقيقي في تعلق وجود الفعل به، ثم تفردَ الفاعلَ المجازي بالذكر، وتنسب إليه شيئاً من لوازم الفاعل الحقيقي، وهذا إنما يتأتى إذا لم نجعل الباء للسببية، وإلا فحقيقةٌ كما سلف»[16].

ويكشف التحليل البلاغي عند جل النقاد، أن تطبيق القواعد البلاغية لا يوصل إلى البلاغة، وهذه الحقيقة نلمسها مع طلبتنا عندما تشرح لهم القواعد البلاغية، لكنّ تغيير الأمثلة والنصوص والخطابات، تجعلهم في حيرة من أمرهم، بين النص والقواعد البلاغية، خاصة وأن البلاغة أعمق من المعنى، فهي تبحث عن مقصد المتكلم، كما

تستنير بالسياق – أو أسباب النزول – بالتحديد الفقهي القرآني، وتتكئ على معاني المعجم لألفاظ فيها من الغموض أو الغرابة أو التداخل الدلالي، وهو ما يجعل البلاغة في كثير من الأحيان لا تطاوع المحلل، بالإضافة إلى هذا فإن البلاغة في جانب آخر تبحث في التداول، وبعض الأساليب البلاغية من كثرة تداولها، يتعامل معها على أنها حقيقة، ويصبح التحليل البلاغي مدرسياً وتعليمياً لا يضيف أي شيء. وانتبه البلاغيون القدماء إلى أن المعاني المجازية أصبحت من كثرة التداول كالحقيقة، فالإفراني يشير في معرض تناوله البلاغي للبيت الأول من شرح موشح ابن سهل إلى أن: «هذه الألفاظ صارت عند الشعراء حقائق عرفية، وإن كانت في الأصل مجازاً»[17]. وهنا نشير إلى أن البلاغيين فرّقوا بين المبتذَل أو العامي، وبين المبدَع والخاص، في كثير من المباحث البلاغية، وقسموا الاستعارة باعتبار الجامع «إلى عامية، وهي المبتذلة لظهور الجامع فيها، نحو: رأيت أسداً يرمي، وخاصية وهي الغريبة التي يظهر بها إلا من ارتفع عن طبقة العامة...»[18]. إلا أن الابتذال من بين الأسباب الداعية إلى تصنيف المجاز والاستعارة ضمن العامي، وهي ظاهرة إنسانية، حيث تصبح تلك المجازات عموماً متواضعاً عليها، ولا يفكر فيها على أنها خارج المواضعة، هذا على مستوى التواصل اليومي، بينما في مجال الإبداع فإن النقد الأدبي جعلها من الاستعارات التافهة أو المجاز العامي، بل إن من «أنواع المجاز ما لا يمكن اعتباره تطوراً عن الحقيقة، لكثرة استعماله وجريانه على ألسنة الناس، حتى لكأنه «شيء يوجد في الطباع (...) مركباً في الخليقة أولاً» كتشبيه الجاهل بالثور والحمار، والحسن بالشمس والقمر، والشجاع بالأسد وما

شابهه، وهذه التشبيهات «من المعاني العامية والأمور المشتركة التي لا فضل فيها للعربي على العجمي، ولا اختصاص لها بجيل دون جيل»، فهذه الطرائق في التشبيه تكاد تصبح، لانتشارها، ضرباً من المواضعة، تستعمل كما تستعمل بقية وحدات اللغة، وليس فيها ما يدل على أن منجزها قد بذل جهداً لتصريف اللغة على غير ما وضعت له واخترع نهجاً في الأداء على غير مثال»[19]. وهو ما ينسحب على الاستعارة والمجاز عموماً، واعتبر صاحب «أنوار الربيع» القرآن من هذا الباب، ويهمنا ما وقف عليه من نماذج شعرية نعطي مثالاً لها قول طفيل الغنوي[20]:

وَجَعَلْتُ كورِي فَوْقَ نَاجِيةٍ
يَقْتَاتُ شَحْم سِنَانِهَا الرَّحْلُ

يعلق عليه بقوله: «وموضع اللطف والغرابة منه أنه استعار الاقتيات لإذهاب الرحل شحم السنام، مع أن الشحم يقتات.

ثم الغرابة قد تكون في نفس المشبه، بأن يكون نفس التشبيه غريباً، كقول يزيد بن مسلمة بن عبد الملك، يصف فرساً له، بأنه مؤدب، وأنه إذا نزل عنه وألقى عنانه في قربوس سرجه وقف مكانه إلى أن يعود:

عَوَّدْتُهُ فيما أزورُ حَبائبي
إِهمالَه وكذاكَ كلُّ مُخاطرِ

وإذا احْتَبى قَرَبوسُه بعنانِهِ
علكَ الشَّكيمَ إلى انصرافِ الزَّائرِ

شبه هيئة وقوع العنان في موقعه من قربوس السرج بهيئة وقوع الثوب في موقعه من ركبة المحتبي، فجاءت الاستعارة غريبة لغرابة الشبه»[21].

وتشير البلاغة العربية في مبحث الاستعارة إلى أن مبناها «على تناسي التشبيه وادعاء أن المستعار له عين المستعار منه لا شيء مشبه به، حتى إنه يبنى على علو القدر ما يبنى على علو المكان كقول أبي تمام:

وَيَصْعَدُ حتّى يَظنّ الجهولُ
بأنّ لهُ حاجةً في السماء

فإنه استعار الصعود لعلو القدر، ثم بنى عليه ما يبنى على علو المكان والارتقاء إلى السماء، فلولا أن قصده أن يتناسى التشبيه ويصمم على إنكاره، فيجعله صاعداً في السماء من حيث المسافة المكانية، لما كان لهذا الكلام وجه»[22].

وما دامت الاستعارة تلتبس بالتشبيه، فقد أشرنا إلى الإشكال عند تناولنا للتشبيه وتشكيله للمعنى عند البلاغيين، شراح النصوص الشعرية.

والملاحظ أن الأساس النظري للعلاقة بين المجاز والحقيقة، يكاد يستقرّ على القرب، وهو ما نقف عليه في محاولة لتأصيل مفهوم عمود الشعر، مع الجاحظ والآمدي والقاضي الجرجاني وصولاً إلى مقدم شرح الحماسة المرزوقي، وهو ما سيؤثر على الحكم النقدي

البلاغي على كثير من الأشعار التي ابتعد فيها الطرفان: المستعار منه والمستعار له، ومثاله تعليق ابن طباطبا على قول الشاعر الجاهلي المثقب العبدي في وصف ناقته:

تقـولُ إذا دَرأْتُ لهـا وَضِينـي
أهــذا دينــهُ أبــداً وديــنى؟

أكُــلَّ الـدَهـرِ حَـلٌّ وَارتِــحَالٌ
أمــا يـبقـي عـلـيَّ ولا يقيني

فاحتجّ بهما في فصله «الشعر البعيد الغلق» على هذا النوع من المجاز المباعد للحقيقة، في حين «ينبغي للشاعر أن يجتنب الإشارات البعيدة، والحكايات الغَلِقة، والإيماء المشكل، ويتعمد ما خالف ذلك، ويستعمل من المجاز ما يُقاربُ الحقيقةَ، ولا يَبْعدُ عنها، ومن الاستعارات ما يليق بالمعاني التي يأتي بها»، فاعتبر البيتين من «المجاز المباعد للحقيقة، وإنما أراد الشاعر أنّ الناقة لو تكلمت لأعربت عن شكواها بمثل هذا القول»[23].

هوامش الفصل الخامس:

1 – علي الحسن بن مسعود اليوسي: نيل الأماني في شرح التهاني، مرجع سابق، ص 3.

2 – نفسه: ص 6.

3 – هو محمد بن علي بن محمد الجرجاني الأسترابادي، ت 729هـ. اللغوي والبلاغي والأصولي والمترجم عن الفارسية، له كتب منها: روضة المحققين في تفسير الكتاب المبين، والمباحث العربية في شرح الحاجبية وإشراق اللاهوت في شرح الياقوت في علم الكلام وغيرها إضافة إلى الكتاب المعتمد في هذه الدراسة: الإشارات والتنبيهات في علم البلاغة. انظر: معجم المؤلفين 11 / 46.

4 – الجرجاني محمد بن علي بن محمد: الإشارات والتنبيهات في علم البلاغة، مرجع سابق، ص 55.

5 – رولان بارت: لذة النص، ترجمة: د محمد خير البقاعي، تقديم د عبد الله محمد الغذامي، المجلس الأعلى للثقافة، القاهرة، 1998، ص 27.

6 – محمد مفتاح: في سيمياء الشعر القديم، دراسة نظرية وتطبيقية، ط دار الثقافة، 1989، ص 5.

7 – محمد الإفراني الإشبيلي: المسلك السهل في شرح توشيح ابن سهل، مرجع سابق، ص 157، 158.

8 – السيد الجرجاني: التعريفات، تحقيق: محمد صديق المنشاوي، دار الفضيلة، ط1، 2011، ص 118.

9 – نفسه: ص 193.

10 – السجلماسي: المنزع البديع، مرجع سابق، ص 414.

11 – القزويني: الإيضاح في علوم البلاغة، مرجع سابق، ص 114.

12 – عبد القاهر الجرجاني: أسرار البلاغة، مرجع سابق، ص 360.

13 – البكري والشاذلي: شرح رائية اليوسي، مرجع سابق، البيت 17. ص 163.

14 – نفسه: البيت 17. ص 165.

15 – السكاكي: مفتاح العلوم، مرجع سابق، ص 361. 362.

16 – محمد الإفراني الإشبيلي: المسلك السهل في شرح توشيح ابن سهل، مرجع سابق، ص 310.

17 – نفسه: ص 158.

18 – صدر الدين بن معصوم المدني: أنوار الربيع في أنواع البديع، مرجع سابق، ج1 ص248.

19 – التفكير البلاغي: ص 426.

20 – الشاعر طفيل بن عوف بن كعب الغنوي، شاعر جاهلي، له ديوان، معاصر للنابغة الجعدي وزهير بن أبي سلمى.

(انظر الشعر والشعراء لابن قتيبة ص 364. الأغاني: 15 / 280).

21 – صدر الدين بن معصوم المدني: أنوار الربيع في أنواع البديع، مرجع سابق، ج 1 ص 249.

22 – نفسه: ج1 ص 255.

23 – ابن طباطبا: عيار الشعر، مرجع سابق، ص 123.

خاتمــة

يمكن القول إنّ البلاغة سمة للخطابات المتعددة والمتباينة، إلا أنّ الخطاب الشعري استأثر باهتمام بليغ في البحث البلاغي إلى جانب الدراسات البلاغية الكلامية والمرتبطة بسؤال إعجاز القرآن، وأصبح الشعر موضوعَ البلاغة الأساس؛ لأنه من الخطابات المُلتبسة في العديد من نصوصه، ويشكّل أهمّ مُدوّنة من مدونات التراث العربي والإنساني، وممّا لا شك فيه أن التراث ليس مدونة ساكنة، فهو يشبه النهر الجاري المتدفق، له عيون وروافد تغذيه، وله مصبات يرويها؛ ليتحول إلى جزء من الحاضر والمستقبل باعتباره المصب، على اعتبار أن اللحظة هاربة، فهو يعيش معنا ويفرض وجوده علينا، وديناميته مرتبطة بمَدى تطورنا، فكلما تطورت الأمم تطوّر تراثها - بصفة عامة والشعر بصفة خاصة - وأحيته لمشاركة هموم البحث والإجابة عن قلق وحيرة السؤال، وهو ما حصل بالنسبة للتراث اليوناني بالخصوص، عندما وظّف سوفوكليس وهوراس وهوميروس وأفلاطون وسقراط وأرسطو وغيرهم، من قِبل الفلاسفة الذين أسّسوا نظريات الفلسفة الحديثة؛ أمثال هيجل وديكارت وكانط وغيرهم، أو الذين عمّقوا ودقّقوا البحث في هذا البناء لاجتراح مناهج ونظريات جديدة أمثال: هوسرل وهيدغير وسارتر، ثم ديريدا وهابرماس وأمبرتو إيكو وغادمير وبيرلمان ومشيل مايير وغيرهم، كل منهم

حاول قراءة هذا التراث قراءة جديدة تعيد له الحياة وتبني صرح نظريات العلوم الإنسانية، بناءً على ما توصلت إليه العلوم، خاصة ما تناول منها نظرية الأدب، إنّ كتابتهم لا تجيب – بالضرورة – عن إشكالات وتساؤلات طُرحت فيما قبل الميلاد، بل تجيب عن أسئلة الراهن بغض النظر عن طرحها سابقاً أو عدم طرحها. تؤْمِن بأن الانطلاق من الصفر في العلوم يعني العودة إلى البدء أو إلى البدائية؛ بمعنى إعادة أسطورة سيزيف، وهو ما سيؤخر تقدّم نتائج البحث، كما أن مفهوم التراث زئبقي في سياقات متعددة، فأدونيس مثلاً، يتساءل في كتابه «سياسة الشعر» عن قصدنا بالتراث: «التراث الإبداع أم المبدَع هل اللغة أم المادة؟ هل هو الذات أم الموضوع؟ أم هذا كله وكيف؟ إنها أسئلة تدفعنا إلى أخرى تفريعية لكي نحيط بالإشكالية التي تنطوي عليها: مثلاً، هل التراث مجموعة محددة من الشعراء؟ وحينذاك، هل تعني العلاقة بالتراث تقليد هؤلاء الشعراء أو اتباعهم في نهجهم الشعري؟

لكن من هم وما معيار تحديدهم؟ وكيف يمكن الارتباط بهم، وكيف نوحدهم، نجعل منهم «هوية» واحدة، وبأي معيار، وبأي معنى»[1].

وينبغي أن يتأسس فهم التراث على أنه من منطلقات البحث، باعتباره حلقة من حلقات المعرفة؛ لأن التجاوز لا يعني تجاوز المسلمات والبديهيات. فالعلوم بالخصوص، علوم اللغة وعلوم البلاغة وعلم العروض وغيرها، كانت استقرائية واستنباطية، وهما المنهجان اللذان أشار إليهما أرسطو، ومازالا لم يتجاوز، ممّا جعل نتائجها مقبولة علمياً في ظل المعطيات والمنطلقات المتوفرة عند إنتاجها،

ويمكن الاختلاف حولها أو نقضها بتصحيح أو تغيير المنهج؛ أي أدوات البحث، أو بتغيير معطياته.

أما بخصوص الإبداع يمكن القول، إنّ الإبداع لن يُتجاوز إلا بتجاوز إنسانية الإنسان، بمعنى إن الإنسان منذ البدء وهو يعبر عن غرائز وهواجس وطموحات وحاجات نفسية وبيولوجية ووجودية أنطولوجية وغيرها، مع تغير الوسائل التي تتطور وتتغير، ممّا يجعل الإبداع إنسانياً، ومع مرور الزمن يتجاوز هويته الضيقة ليذوب في رحابة الإنساني ويحقق الخلود، وهو ما يفسر اهتمام العالم بالإلياذة والأوديسة والملك أوديب، والمعلقات ورباعيات الخيام وأشعار جلال الدين الرومي وكليلة ودمنة وألف ليلة وليلة وشكسبير وموليير وغيرها من الروائع الإبداعية، مما يجعل قراءتنا للتراث، أحياناً، لا تخلو من الانبهار ثم التماهي، وإن كان القصد النظر الموضوعي إلى الأشياء، والأهم هو التخلص من العقدة، عقدة التراث / الماضي أو عقدة الحداثة، والتعامل مع التراث إرثاً إنسانياً نمتلكه، ولا يعدّ ميراثاً خاصاً ولا هوية ضيقة، بل بعداً إنسانياً وأفقاً كونياً، مثل ما هو الحال بالنسبة لأفلاطون وأرسطو وسقراط وابن سينا والفارابي وابن رشد وابن عربي والغزالي وابن خلدون، وشهرزاد ورباعيات الخيام وكليلة ودمنة وشكسبير وغيرهم من أعلام الفكر والفن العالمي، فلا نظن أن نصوصهم لم تتجاوز حدود أثينا والإغريق وحدود الشرق والغرب، إلى الأفق الإنساني الكوني. إذاً فالتحدي المطروح علينا هو إمكانية فهم التراث وجعله نقطة الانطلاق أو الارتكاز، ليس بالضرورة لتجاوزه – مع إمكانية ذلك – بل لمواصلة مسيرته الإنسانية الكونية

وإضافة ما تمليه السياقات الحالية وما تقدمه الإمكانات والتطورات الحديثة، ويمكن النظر إلى التراث باعتباره ماضياً، قد يكون قريباً أو بعيداً أو موغلاً في القدم، لكن الأزمنة كلها متداخلة، بمفهوم معين، لأن الإنسان يقبض بشكل معيش على اللحظة فقط، وخارج اللحظة يفسح المجال لاشتغال الذاكرة، عودة إلى الوراء / الماضي، أو منتقلة إلى الأمام / المستقبل؛ و«عندما نقتصر على اللحظة الحاضرة من حياة مجتمع ما، نكون أولاً ضحية وهم: لأن كل شيء تاريخ؛ فما قيل في الأمس تاريخ، وما قيل قبل دقيقة تاريخ، ولكننا على وجه خاص، نحكم على أنفسنا بعدم معرفة هذا الحاضر، لأن التطور التاريخي وحده هو الذي يتيح بروز عناصر الحاضر وتقديرها في علاقتها المتبادلة»[2]. كما ينبغي فهم التراث ليس كوحدة متجانسة، أو هوية محددة يمكن وصفها والحكم عليها جملة. فالتراث عموماً، والتراث الشعري العربي خصوصاً، يبدو «شأن كل تراث حيّ، ليست له، إبداعياً، هوية واحدة، هوية التشابه والتآلف، وإنما هو متنوع، متمايز إلى درجة التناقض، وإذا صح الكلام على هوية أو وحدة، في هذا المستوى، فإنها هوية المتعدد المتباين، ووحدة المختلف، الكثير»[3].

ولم يكن التفكير البلاغي العربي بمعزل عن الإشكالات الثقافية التي عاشها العالم العربي، منذ ما قبل الإسلام إلى يومنا هذا. وعبرت البلاغة في قراءتها للمتن الديني والمنجز الإبداعي الشعري عن رؤيتها المنهجية في القراءة: فهماً وشرحاً وتفسيراً وتحليلاً وتأويلاً، وعبرت من خلال جهاز مفاهيمها عن نسق معرفي مُفسِّر لكل ما هو ثقافي وحضاري.

ويمكن استنتاج أن البلاغة العربية لا يمكن فصلها عن النسق الشمولي للبلاغة عند جميع الأمم وعبر تطور الحضارة الإنسانية، التي اعتمدت أساساً على اللغة / الكلام، والتي شكلت عندها انطلاقة نحو الحضارة الإنسانية، بما يميزها عن الحيوان، وشكّل الكلام أهمية في حياة الإنسان، وقد خص صاحب أسرار البلاغة هذا الأمر بمقدمة طريفة وعميقة تشير إلى هذه الأهمية، وبقوله نختم الكلام: «اعلم أن الكلام هو الذي يعطي العلومَ منازلها، ويبين مراتبها، ويكشف عن صورها، ويجني صنوف ثمرها، ويدلّ على سرائرها، ويبرز مكنون ضمائرها، وبه أبان الله تعالى الإنسان من سائر الحيوان... فلولاه لم تكن لتتعدى فوائد العلم عالِمَه، ولا صحّ من عاقل أن يفتق عن أزاهير العقل كمائمه، ولتعطّلت قُوى الخواطر والأفكار من معانيها... ولبقيت القلوب مُقفلة على ودائعها، والمعاني مسجونة في مواضعها... ولما عُرف كفر من إيمان، وإساءة من إحسان، ولما ظهر فرق بين مدح وتزيين، وذم وتهجين، والمعنى المثبِت لنسبه، أنه يريك المعلومات بأوصافها التي وجدها العلم عليها، ويقرر كيفياتها التي تناولها المعرفة إذا سمت إليها.

وإذا كان هذا الوصف مقوم ذاته وأخص صفاته، كان أشرف أنواعه ما كان فيه أجلى وأظهر.. ومن هنا يبين للمحصل.. كيف ينبغي أن يحكم في تفاضل الأقوال إذا أراد أن يقسم بينها حظوظها من الاستحسان، ويعدّل القسمة بصائب القسطاس والميزان...»[(4)].

هوامش الخاتمة:

1 – أدونيس: سياسة الشعر، دراسة في الشعرية العربية المعاصرة، دار الآداب، بيروت، الطبعة الأولى، 1985. ص 7.

2 – كلود لفي ستروس: الأنتروبولوجيا البنيوية، ترجمة: د. مصطفى صالح، منشورات وزارة الثقافة، دمشق 1988. ص29.

3 – أدونيس: سياسة الشعر، دراسة في الشعرية العربية المعاصرة، مرجع سابق، ص 9.

4 – عبد القاهر الجرجاني: أسرار البلاغة، مرجع سابق، ص 6.

المصادر والمراجع

– ابن الأثير ضياء الدين: المثل السائر في أدب الكاتب والشاعر، تعليق: د. أحمد الحوفي ود. بدوي طبانة. دار نهضة مصر القاهرة.

– ابن الأثير ضياء الدين: كفاية الطالب في نقد كلام الشـاعر والكاتب، تحقيق: د. نوري حمودي القيسي، د. حاتم صالح الضامن، د. هلال ناجي. منشورات جامعة الموصل.

– ابن المعتز: البديع، تحقيق: عرفان مطرجي، مؤسسة الكتب الثقافية، ط الأولى، 2012م.

– ابن جني: الخصائص، تحقيق: محمد علي النجار، دار الهدى للطباعة والنشر، بيروت لبنان، الطبعة الثانية 1978م.

– ابن حجة الحموي: خزانة الأدب وغاية الأرب، دراسة وتحقيق: د. كوكب زياد، دار صادر، بيروت، ط 2، 2005م.

– ابن حزم: التقريب لحد المنطق، والمدخل إليه بالألفاظ العامية والأمثلة الفقهية، تحقيق: أحمد فريد المزيدي. دار الكتب العلمية بيروت، لبنان.

– ابـن خلـدون: مقدمة ابن خلدون، وهـي الجزء الأول من كتـاب العبر وديوان المبتدأ والخبر، تحقيق: المستشـرق الفرنسـي: أ . م كاترميـر، عن طبعة باريس 1858، لبنان. 1996م.

– ابن رشـيق: العمدة في محاسـن الشـعر وآدابه، تحقيق: محمد محيي الدين عبد الحميد، دار الجيل، بيروت، ط 5، 1401 هـ – 1981م.

– ابن سلام الجمحي: طبقات فحول الشعراء، تحقيق: محمود محمد شاكر، ط دار الكتب العلمية، 1998م.

– ابـن طباطبا العلوي: عيار الشـعر، تحقيق: عباس عبد السـتار، مراجعة: نعيم زرزور، دار الكتب العلمية، الطبعة الأولى، 1982، بيروت.

– ابن قتيبة: الشـعر والشـعراء، تحقيق: مفيد قميحة، دار الكتب العلمية، بيروت، ط الأولى، 1981.

– ابن قتيبة: تأويل مشكل القرآن، شرح ونشر أحمد صقر، بيروت، 1981م.

– أبو تمام: الوحشـيات، تحقيق: الميمني وشاكر، دار المعارف، مصر، ط2، سنة 1978م.

– أبو هلال العسكري: الصناعتين، تحقيق: علي محمد البجاوي ومحمد أبو الفضل إبراهيم، دار إحياء الكتب العربي، عيسى البابي الحلبي.

– أحمـد بـن عجيبة الحسـني: اللطائف الإيمانيـة الملكوتية والحقائق الإحسـانية الجبروتية في رسائل العارف بالله الشيخ أحمد بن عجيبة الحسني، ضبط د. عاصم إبراهيـم الكيالي الحسـيني الشـاذلي، دار الكتب العلمية بيـروت، الطبعة الأولى، 2006م.

– إدوارد غليسـان: فلسفة العلاقة، امتداد الشعر، ترجمة: عز الدين الخطابي. دار توبقال للنشر، ط الأولى 2020م.

– أدونيس: سياسـة الشعر، دراسة في الشـعرية العربية المعاصرة، دار الآداب، بيروت، الطبعة الأولى، 1985م.

– الأصفهاني: الأغاني، طبعة دار صادر بتحقيق إحسان عباس وآخرون 1970.

– الإفراني، محمد الإفراني الإشـبيلي: المسلك السهل في شرح توشيح ابن سهل، تحقيق: محمد العمري، وزارة الأوقاف، 1997م.

– أمبرطو إيكو: طرائق تحليل السـرد الأدبي، مقال: القارئ النموذجي: (ترجمة: أحمد بوحسن، منشورات اتحاد كتاب المغرب).

– الآمـدي: الموازنـة بيـن أبي تمام والبحتـري، تحقيق: محمد محيـي الدين عبد الحميد، دار صادر، 1976م.

– الباقلانـي: إعجـاز القرآن، تحقيق: السـيد أحمد صقر، دار المعارف، سلسـلة ذخائر العرب، القاهرة.

– بـدوي طبانة: علم البيان دراسـة تاريخية فنية في أصـول البلاغة العربية، دار الثقافة بيروت. ط 1981م.

- برتراند رسل: النظرة العلمية، ترجمة: عثمان نويه، مراجعة: د. إبراهيم حلمي عبد الرحمن، مكتبة نوبل، داري للثقافة والنشر سوريا ط الأولى 2008م.

- البكري والشاذلي: شرح رائية اليوسي، للدلائيين محمد البكري وابن الشاذلي، تحقيق: د. يوسف الفهري – قيد الطبع.

- بول ريكور: نظرية التأويل الخطاب وفائض المعنى. ترجمة: سعيد الغانمي، ط المركز الثقافي العربي، الدار البيضاء، المغرب، ط الثانية 2006م.

- التواصل اللساني والشعرية: مقاربة تحليلية لنظرية جاكبسون: الطاهر بومزبر، منشورات الاختلاف الجزائر، ط 2007. ص 34.

- الجاحظ: البيان والتبيين: تحقيق: عبد السلام محمد هارون، دار الكتب العلمية 1987م.

- الجاحظ: كتاب الحيوان، تحقيق: عبد السلام محمد هارون، البابي الحلبي، ط 2، 1385هـ – 1965م.

- جان إيف تادييه النقد الأدبي في القرن العشرين. ترجمة: قاسم المقداد، منشورات وزارة الثقافة، دمشق وزارة الثقافة 1993م.

- الجرجاني السيد: التعريفات، علي بن محمد السيد الشريف الجرحاني، تحقيق: محمد صديق المنشاوي، دار الفضيلة، ط1، 2011م.

- الجرجاني: دلائل الإعجاز في علم المعاني، تحقيق: محمد رشيد رضا، دار المعرفة، لبنان، 1982م.

- الجرجاني، محمد بن علي بن محمد: الإشارات والتنبيهات في علم البلاغة، تحقيق: د. عبد القادر حسين، ط نهضة مصر للطباعة والنشر، القاهرة، 1981.

- جلال الدين السيوطي: شرح عقود الجمان في المعاني والبيان، تحقيق: د. إبراهيم محمد الحمداني، د. أمين لقمان الحبّار، دار الكتب العلمية، بيروت، الطبعة الأولى، 2011.

- الجوهري: الصحاح تاج اللغة العربية وصحاح العربية، مراجعة: محمد محمد تامر وآخرون، دار الحديث، القاهرة، 2009.

- حازم القرطاجني: منهاج البلغاء وسراج الأدباء، تحقيق: محمد الحبيب ابن الخوجة، دار الغرب الإسلامي، لبنان، ط الثالثة، 1986.

- الخطيب القزويني: التلخيص في علوم البلاغة، ضبط عبد الرحمان البرقوقي، دار الفكر العربي، ط الثانية، 1932.

- دلاش: مدخل إلى اللسانيات التداولية لطلبة معاهد اللغة العربية وآدابها، ترجمة: محمد يحياتن، ديوان المطبوعات الجامعية، الجزائر، د.ط، د.ت.

- الرازي (الفخر الدين): نهاية الإيجاز في دراية الإعجاز، دار العلم للملايين، 1985.

- الراغب الأصفهاني: محاضرات الأدباء ومحاورات الشعراء والبلغاء، تخريج إبراهيم زيدان، مكتبة الهلال مصر ط 1902.

- رولان بارت: لذة النص، ترجمة: د. محمد خير البقاعي، تقديم د. عبد الله محمد الغذامي، المجلس الأعلى للثقافة، القاهرة، 1998.

- ريتشاردز: فلسفة البلاغة، ترجمة: سعيد الغانمي، د. ناصر الحلاوي، إفريقيا الشرق ط 2002.

- السجلماسي: المنزع البديع في تجنيس أساليب البديع. تحقيق: علال الغازي، ط مكتبة المعارف، الرباط، 1980.

- سر الفصاحة: ابن سنان الخفاجي، تحقيق: إبراهيم شمس الدين، ط ناشرون، لبنان، 2010.

- السكاكي أبو يعقوب: مفتاح العلوم، ضبط وشرح، د. نعيم زرزور، ط دار الكتب العلمية بيروت. ط الأولى 1983.

- الشاطبي: (أبو إسحاق إبراهيم بن موسى بن محمد اللخمي) الموافقات، ضبط أبو عبيدة بن حسن آل سلمان، دار ابن عفان، الطبعة الأولى، 1997.

- شرح ديوان حماسة أبي تمام المنسوب لأبي العلاء المعري. تحقيق: د. حسين محمد نقشة، دار الغرب الإسلامي بيروت، ط 1991م.

- الشريف الرضي: تلخيص البيان في مجاز القرآن، منشورات عالم الكتب للطباعة والنشر، 1986.

- صدر الدين بن معصوم المدني: أنوار الربيع في أنواع البديع، تحقيق: شاكر هادي شكر، مطبعة النعمان، النجف ط 1، 1968.

- الصفدي: الغيث المسجم في شرح لامية العجم، صلاح الدين خليل بن أيبك الصفدي، دار الكتب العلمية.

- صفي الدين الحلي: شرح الكافية البديعية في علوم البلاغة ومحاسن البديع، تحقيق: د. نسيب نشاوي، مطبوعات مجمع اللغة العربية بدمشق.

- صلاح فضل، بلاغة الخطاب وعلم النص: سلسلة عالم المعرفة ع 164 - ط1413هـ، 1992م.

- الطيبي، الحسين بن محمد بن عبد: التبيان في البيان. ط 1. دار البلاغة بيروت 1991.

- عبد السلام المسدي: الأسلوب والأسلوبية، دار الكتب الجديد، 2006 ط الثالثة.

- عبد القادر بن عمر البغدادي: حاشية على شرح بانت سعاد لابن هشام. تحقيق: نظيف محرم خواجة. دار النشر فرانتس شتاينر بفيسبان ط1980م.

- عبد القاهر الجرجاني: أسرار البلاغة في علم البيان، تحقيق: عبد الحميد هنداوي، دار الكتب العلمية.

- عبد الكريم بن هوازن القشيري: الرسالة القشيرية في علم التصوف. ط دار أسامة بيروت لبنان ط 1987.

- عبد الوهاب المسيري: اللغة والمجاز، بين التوحيد ووحدة الوجود، دار الشروق الطبعة الأولى 2002.

- علي الحسن بن مسعود اليوسي، نيل الأماني في شرح التهاني على قصيدته الدالية في مدح شيخه ناصر الدرعي. ط 1920. المغرب.

- الفيروز أبادي: القاموس المحيط، وينظر ابن فارس: معجم مقاييس اللغة.

- القاضي علي بن عبد العزيز الجرجاني - الوساطة بين المتنبي وخصومه، تحقيق: محمد أبو الفضل إبراهيم، وعلي محمد البجاوي. ط دار القلم بيروت. ط الأولى.

- قباوة فخر الدين: منهج التبريزي في شروحه، والقيمة التاريخية للمفضليات، المكتبة العربية ط 1974.

- قدامة بن جعفر: نقد الشعر، إعداد الشيخ خليل، ط أبوظبي للسياحة 2016 سلسلة عيون النثر العربي.

- القرشي: أبو زيد محمد بن أبي الخطاب القرشي: جمهرة أشعار العرب في الجاهلية والإسلام، تحقيق: علي محمد البجاوي. (من فرائد التراث الأدبي) نهضة مصر للطباعة والنشر.

- القزويني: الإيضاح في علوم البلاغة، تحقيق: محمد عبد المنعم خفاجي الناشر، دار الجيل، بيروت، الطبعة الثالثة.

– القلقشندي: صبح الأعشى. تحقيق: د. يوسف علي طويل: دار الفكر – دمشق الطبعة الأولى، 1987.

– كلود لفي ستروس: الأنتروبولوجيا البنيوية، ترجمة: د. مصطفى صالح، منشورات وزارة الثقافة، دمشق 1988.

– كمال أبو ديب: الرؤى المقنعة، نحو منهج بنيوي في دراسة الشعر الجاهلي. سلسلة دراسات أدبية.

– المبرد، أبي العباس محمد بن يزيد: الكامل في اللغة والأدب، تحقيق: د. محمد أحمد الدالي، مؤسسة الرسالة، الطبعة الثانية، 1993.

– محمد خير شيخ موسى: فصول في النقد العربي وقضاياه، ط دار الثقافة والنشر، 1984.

– محمد عبده، مقدمة كتاب: التلخيص في علوم البلاغة، للقزويني الخطيب، ضبط عبد الرحمن البرقوقي، الطبعة الثانية، دار الفكر العربي.

– محمد كرد علي: رسائل البلغاء، اختيار وتصنيف، لجنة التأليف والترجمة والنشر، القاهرة، 1365هـ – 1946م، ط3. الرسالة العذراء.

– محمد مفتاح: في سيمياء الشعر القديم، دراسة نظرية وتطبيقية، ط دار الثقافة 1989.

– المغوسي.– إتحاف ذوي الأرب بمقاصد لامية العرب، تحقيق: محمد الأمين المؤدب، طبعة دار الكتب العلمية.

– مصطفى ناصف: نظرية المعنى في النقد العربي، دار الأندلس بيروت. الطبعة الأولى.

– هنريش بليث: البلاغة والأسلوبية – نحو نموذج سيميائي لتحليل النص: ترجمة: د. محمد العمري، منشورات مجلة دراسات سال، الدار البيضاء ط الأولى 1989.

– يوسف أبو العدوس: الاستعارة في النقد الأدبي الحديث. منشورات الأهلية الأردن. ط الأولى ،1997.

– يوسف الفهري: الخطاب الشعري في التراث العربي – دائرة الثقافة، حكومة الشارقة، الإمارات العربية المتحدة – الطبعة الأولى 2014.

- المراجع باللغة الأجنبية:

– Ch. PERELMAN et L. OLBRECHTS–TYTECA, La nouvelle rhétorique, Traité de l'argumentation, P.U.F., Paris, 1958, 3e éd. Édition de L'Université de Bruxelles, 1976,

– Ch. PERELMAN, L'empire Rhétorique, Rhétorique et Argumentation, Librairie Philosophique J. Vrin, France, 1977.

– Davidson Donald What Metaphors mean in sheldon Sacks (ed) on Metaphor. chicago and London. The Univ of chikago Press 1978.

الفهرس